建築・都市レビュー叢書 (03)

営繕論

希望の建設・地獄の営繕

内田祥士 *Yoshio Uchida*

NTT出版

ベルリンの壁

一九八五年の秋に、私はベルリンの壁を訪れた。その時の印象では、壁の撤去がたとえ部分的にせよ行われるなどということは、まったくありえないことのように思われた。それから数年後の今日、ベルリンの壁の一部撤去が始まったというニュースが、世界を駆けめぐっている。個人的な印象や感慨など実に当てにならないものであると痛感させられた。同時に、ベルリンの壁ですら、変えることができるのかとも思ったのである。

ヨーロッパの諸都市は、ベルリンにかぎらず、ほとんど例外なく同心円状に発達してきている。そのために、都市の主要街路は、歴史の古い都市ほど、幾重にも重なった同心円を形成している。第二次世界大戦後、敗戦国ドイツの首都ベルリンを管理するにあたって、米・ソ・英・仏の四か国の行った暫定的な管理区分と、それまでの都市形成の過程との間に、因果関係はなかった。その結果、東西ベルリンが壁で分断された後、同心円状の街路は、ことごとく、南北に延びるベルリンの壁にぶつかることになった。分断されたままの東西各々が、都市機能を維持しようとすれば、それ以前の歴史的な経緯によって形成されてきたシステムを部分的にせよ放棄しなければならない。しかも、そうした行為はベルリンの分断を事実として受けいれることにならざるえない。逆にあくまでそれを拒めば、都市としての機能は失われてしまう。ミースや、シャローンに限らず、この問題に取り組まざるをえなかった関係者はすべて、絶望的な努力を強いられたはずである。

戦後建設された構築物の中で、ベルリンの壁以上に「拒む」とか「拒否する」といった意思や機能を強力に表現したものはなかったように思うし、これほど多くの人たちに憎まれた構築物もなかったのではないだろうか。

建設行為の目的が常に建設的であるとは限らないし、破壊行為が常に破壊的であるとも限らない。その最も極端な実例がベルリンの壁であった。壁に望まれているのは、改修でも改築でもなく、単に破壊されることであり、それが最も建設的であると多くの人たちが考えている。

ベルリンの壁のような極端な例ではないまでも、開発か保存かといった議論とは別に、誰もが解体したいと考えているのに解体できないとか、保存について社会的なコンセンサスはすでに形成されているのに、どうしても維持できないといった、私たちが日常的に意識しているのとは反対の問題、いわば小さなベルリンの壁が、私たちの社会にも目立たないながら確かに存在している。

前者の例としては、事故を起こしたり寿命を迎えた原子力発電所の撤去をあげることができる。また、後者の最も分かりやすい例に、広島の原爆ドームの保存という難題がある。

原爆ドームは、保存に対する社会的な合意も、予算的な裏づけもすでにある、保存で問題になる最大の論点は解決済みである。にもかかわらずこの保存は決して簡単ではないように思われるのである。

原爆で破壊された姿というのは、永続的に維持されることを前提にして造られた状態ではない。むしろある外力によって偶然生まれた、バランスにすぎない。定常的な安定した状態ではなく、一時的・仮設的な状態であるといった方が適切である。だからこそ説得力のある記念的な存在たりえていると言っても過言ではない。従って、ある特殊な要因によって生まれた一時的・仮設的状態を（しかもそうした状態だからこそ獲得された説得力を）その社会的な重要性に鑑み、定常的な安定した状態に、説得力を減じることなく移行せよといってもなかなかうまくいくものではないのである。こうした場合、「凍結保存」というきわめて明確で分かりやすい言葉が要求しているのは、ほとんど不可能な努力目標なのである。

これが、一般の建築ならば同じように「凍結保存」といっても、建築に対して人々が持っている多くの共通認識によって救われる可能性がある。非常に簡単な例をあげれば、建物が修理を受けることによって多少きれいになったとしても、誰も文句は言わないはずである。建物を維持していくということの意味について、ある種のコンセンサスが存在しているのである。しかし、原爆ドームが修理のたびに少しずつきれいになっていったら、必ずや「凍結保存」の基本的な考え方に反するといって批判を受けるに違いない。

今日の建築

一時的・仮設的状態がわれわれに与える説得力や緊張感といったものは決して侮れないものである。逆にこうしたことだけを目的とするならば一時的・仮設的状態を装う方が、定常的な安定した状態をつくりだすよりも遥かに、効果がある。効果をより大きくするには装うよりも、本当に一時的な仮設にしてしまった方が説得力を持つに違いない。しかし、そうした効果や説得力が、本当の仮設によって与えられるようになったとたん、その効果を維持していくことは、めったやたらと不合理な努力と浪費を覚悟するか、手を替え品を替え、常に新しい別の仮設を用意するかしなければならない。原爆ドームの維持は、それがどんなに不合理で困難な努力を要求するものであろうと維持していくだけの社会的な目的を持っている。従って、こうした努力に対する社会的な合意が失われる心配はない。しかし、こうした努力を続けるに価する対象は決して多くはない。むしろきわめて特殊なケースにおいてのみ成立することであると言ってよいのである。多くの場合、一度仮設にしてしまうと、その効果を維持するためには、常に新しい仮設が用意されなければならなくなる。そうでなければ、価値観全体をひっくり返さなければならない。

景気がよくなると、日本建築の本質を伊勢の遷宮に求め、日本人は建築を古来比較的短期間に再生産の対象としてきたという指摘が多くなるのは、日本建築の一時的・仮設的な側面を強調しようとする姿勢である。しかし、不景気になると、今度は手のひらを返したように、我々日本人は世界最古の木造建築を今も維持しているといった発想が表に出るようになる。こうした事柄は、苦い現実を受けいれるための方便としてなら許される範囲のことで、決して悪いことではないと筆者も考えている。必要なら、景気循環に合わせて、こうした言葉をうまく使い分けてくれれば、我々もあまり落ち込まずにやっていけるかもしれないとさえ思う。その際、再生産を前提として建設された多くの、いや日本中の神社が、その後不景気な時代をどうやってのりきってきたのか、永く信仰の対象とするために建設された仏教建築が、その後本当に何もしなくても維持してこれたのかについて考えておく必要はあるに違いない。この点さえしっかりしておけば、この種の話をエンターテインメントとして受けいれ、臨機応変に楽しむことも決して不可能ではない。

こうした目に見えない維持や継続性あるいは信頼性や保全性についての判断や思考は、決して幅広く充分には理解されない事柄のようである。しかし、どんな分野にもそういう部分はあるように思うし、そうした部分をしっかり持っている分野ほど、そうした部分の存在を外部の人間には感じさせない強さも持っているように思うのである。

［1989.12］

目次

営繕論

希望の建設・地獄の営繕

序

建築にかかわる言説で、今日「モダニズム」と言えば空間論であって技術論ではないというのが一般的な認識だろう。空間論が多くの場合、近代精神史あるいは思想史を背景に論じられるのに対して、技術論は産業革命以降の工学技術の展開を糧として論じられる。私自身は、鉄とガラスとコンクリートを主たる材料とし、その周囲に多様な工業化部品をまとった現代建築については、今でも近代技術史を背景に論じることが多い。技術論と言っても、たとえば、一九五〇年代から六〇年代にかけて、多くの建築家や研究者が新しい技術の可能性を語り、青雲の志を胸に未来を論じていたとすれば、私は、今や「量を担う技術」となった近代工業技術の現実を背景に、その営繕について考えているという点で、若干ニュアンスに相違が存在するが、その距離は、精神史と技術史のそれに比べればほとんどないに等しいと言うべきだろう。

本書は、空間論として論じられることの多い「日本のモダニズム」の今後を、空間論の文脈を意識しつつ、しかし、技術論の視点から論じようとした書である。現代建築における技術論は、環境問題が視野に入って以来、実に多様化してはいるが、その最大の論点は、戦後建設され、ほとんど都市部を覆い尽くしているかにも見える現代建築の「営繕」にある。「営繕」という述語は、本来「営造」の「営」と「修繕」の「繕」からなる熟語で、すでに千数百年に及ぶ歴史を持つ専門用語である。ここに、今日においてなお、いささか経験科学的な要素を幅広く許容している理由がある。しかし、最も重要なのは次の二点である。まず第一に、近代以前の私たちが、新築と修理を今日の様に分けて考えていなかった事実を示している点、第二に、漢熟語である以上、おそらくは、中国からの外来語であろうと推察される点である。そういう意味では、実に豊かな可能性をもつ国際的な専門用語なのだが、本来の意味での「営繕」を現代建築にただちに適用しようとすると大きな壁が立ちはだかる。

まずは認識上の問題として、つい最近まで「建設」が実に新しさと可能性の象徴であったのに対して、「営繕」は退屈さと創造性の欠如の代名詞であったという事実を指摘しておかなければならない。正確には、近代用語としての「建設」が「営繕」から「営造」を切り離し、残された「修繕」から過剰なまでに創造性を奪い取ってしまった事実を指摘しておく必要がある。その結果、「修繕」は単なる「修理」に格下げされ、多くの場合「営繕」はその「修理」の意味で用いられているからである。一方、技術上の問題としては、本来の意味での「営繕」が、近代化という不可逆的な転換以前の建築観、すなわち伝統構法、特に木構造を基盤とした概念であるために、工業化の進んだ現代建築にはただちには適用しがたいという現実を見据える必要がある。「営繕」を単なる修理から解き放ち、本来の意味での「営繕」に換骨奪胎できれば、現代建築の未来は大きく広がるに違いないのだが、工業製品を大量に組み込まれた現代建築に、伝統構法を背景として成立した創造行為としての「営繕」をただちに持ち込むことは、認識上の論点からのみならず、技術的な視点からもきわめて困難な状況にある。ここに「希望の建設・地獄の営繕」という構図が生まれる所以がある。

本書が問題にするところの現代建築が、灰燼に帰した国土から始まった「希望の建設」の精華として存在し、「営繕」の再生が、その現代建築に覆い尽くされたかにも見える状況から生じた新しい問題であることを考えると、少なくとも技術論的には「ポスト戦後社会」の課題であり、「建設」から「営繕」へという展開は「日本のモダニズム」後の問題であるということになる[Fig.1]。

Fig.1　隅田川周辺の敗戦直後と今日

以上が筆者としての私の立ち位置である。ここから、私は、「量を担った技術」を糧として成立した一般的な現代建築、若かりし頃に私が何らかの形で参画し、その後、私が教えた学生たちがかかわり、今、私が教えている学生がかかわるであろう建築を考えている。

第1章 希望の建設・地獄の営繕

Fig.2　上：東洋大学旧教養課程研究棟①
下：東洋大学人間環境デザイン学科実験工房棟 ①

現代建築の営繕の対象は、それこそ、屋上や外壁からの雨漏り、給排水設備の漏水、空調衛生機器の交換あるいは配電線からの漏電等、実に多様で複雑であるが、まずは、議論を分かりやすくするために、対象を建物本体、すなわち構造体に絞って考えたい。

「構造上既存不適格建築物」の顕在化

現代建築の構造体において、「希望の建設・地獄の営繕」という構図が成立する経緯には、高度経済成長期が深くかかわっている。正確には、一九六〇年代、戦後の建築ストックが、都市を覆い尽くし、超高層建築の可能性が視野に入り始めた時期に、専門家、特に構造家の間で顕在化した議論が、その発端となった。しかし、それが制度化されるのは、一九八一年の新耐震設計法の導入まで待たなければならなかったし、その時点でも、事態を理解していたのは建築関係者までで、依然、専門家の範囲に留まっていた。それが一般の人々の知るところとなったのは、神戸の震災の惨状によってであった。そして、一九九五年施行の「建築物の耐震改修の促進に関する法律」によって、ようやく、所有者責任が明記され、改修に取り組むべき主体が明確化されたが、それでも、一般住宅やマンションの住人に、自らが改修の主体であるとの意識を充分に芽生えさせるには至らなかった。一般の人々にとって現実的な問題となるのは、東日本大震災後の二〇一三年の同法の改正によってである。専門家の懸念が、社会的認識にまで広がるのに、おおむね半世紀を要したことになる。ここでは、特に、専門家の間で問題が顕在化する一九六〇年代に注目し、彼らの意見表明を通して、その経緯を振り返ることから始めたい。

今日、既存不適格建築物、正確には「構造上既存不適格建築物」の存在が表面化する契機となったのは、実は、超高層建築の構造設計手法の確立によってであった。

超高層をめぐる諸問題

これは、雑誌『建築』の一九六三年五月号に掲載された「超高層特集その1」の座談会の論題である。参加したのは、司会を担当する平良敬一と五名の専門家である[Fig.3]。

構造家として、安藤範平、木村俊彦、温品鳳治の三人、安藤は超高層の実現に向けて新しい方法で構造設計に取り組む立場から、木村と温品は当時の制度の下で構造設計に取り組む立場から、それぞれ意見表明を行い、それに大高正人と沖種郎の二人が建築家として加わり、技術論や法制度の側から意見を述べている。今日でこそ、著名な専門家であり、その多くはすでに歴史上の人物であるが、当時は、若手である。たとえば、超高層の構造設計の先駆けと言えば武藤清であるし、在野の構造設計者としては横山不学が健在であったし、超高層と向き合って苦悩した建築家と言えば前川國男であった。ここに登場する五人は、いずれも、そうした研究者や構造家あるいは建築家の次の世代か、彼らの下で研鑽を積んだ世代である。高度成長期後半の担い手となるべきこれからの人材である。その彼らが、戦後の自由な空気を享受しつつ、後に「超高層ビルのあけぼの」と呼ばれることになる時代の入り口で、実に率直に意見を交換し、主張をぶつけ合っている。超高層建築の可能性と中低層建築の現実について考えるに際して、きわめて示唆に富んだ座談会である。今、座談会の進行にそってその概要を明らかにすれば次のような内容になる。

最初に、安藤が、明治以来の日本の耐震設計の歴史を概観した後、当時の構造設計の方法について「地震反応を弾性範囲で考えていますと、実際の震害経験と、解析された結果と、その間の

Fig.3 「超高層特集　座談会1　構造の諸問題」の冒頭頁

説明がつきにくい。弾性解析で出て来た結果というのは、非常に水平力を大きくしなければ建物がもたないという結果になってしまった」[▼1]との現状認識を明らかにするのだが、この表現は、いささか遠回しで、一読しただけではよく分からない。しかし、たとえば温品の「私たち実際に設計をしておりまして、いろいろと考えてみると、結局何でこういう計算をするかというと、要するにこういう約束になっているからこういうふうに計算しているんだと考える他に論拠がないんですね」[▼2]、あるいは木村の「地震というのは残念ながらヨーロッパとか、まあアメリカで以前はあまりやってくれなかった。もしやるとすれば日本が基礎からやらなければいけなかったわけです。（……）だから、耐震問題のように外国からもってこれないものは発達がおくれるということじゃないかと思うんです」[▼3]、さらに温品の「地震動のエネルギーの大きさが、ある限界を越さないという保証は、現在のところではないわけですから、やっぱり技術面に多少経済的な面なり、あるいは政治的な面がはいってくるのは、完全には排除できないわけですね」[▼4]という発言までくると、ようやく、構造家ではない私たちにも概要が見えてくる。

すなわち、安藤の言わんとするところは、中層建築（三一メートル以下）の設計に際して用いられてきた、建物を剛構造と見なす従来の構造計算の結果と、当時、超高層建築で採用されようとしていた、建物を柔構造と見なす新しい構造計算の結果との間に、どうにもならない齟齬があり、「（新しい計算方法によれば）たしかに高層だと設計できそうだという結果が出て、低層になってくるとなかなかおさまりにくい。低層のものを計算そのままに設計すると、今までの設計よりもっと強度の大きいものでないといけない」［▼5］という事実で、最初に示された「実際の震害経験と、解析された結果と、その間の説明がつきにくい」［▼6］との一文は、従来の構造計算では安全とされてきた建物が、実際の地震では、大きな被害を受けているという事実を示したもので、その齟齬が、超高層に導入される予定の新しい構造計算方法で、従来の建物を解析した結果と符合するとの見解を表明したものであったことが明らかになる。

これに対して木村は「高いものは動的に設計するけれども、三一メーターから低いものは今までのとおりに設計してゆくというんじゃ、何か一番需要のある建物が科学の進歩の恩恵に浴さないような気がする」［▼7］と述べて違和感を表明し、沖は「超高層にすれば柔構造がよくて、低いものはやはり剛構造でいいという発言をするあたりは、今まである方式でやれといってきたから、その手前それを正当化するために自己弁護している気がするね」［▼8］と批判し、温品は「やり易い超高層のほうを始めたばっかりだから、そこまでは手がまわらないと。（笑）」［▼9］と笑ってしまう。もちろん、温品の笑いは、明らかに苦笑であり、後に大きな苦悩に変わる（笑）である。

一方、大高正人は、容積率制導入の見地から、「建物が高くなるという必然性はなかなかでてこないですね。（……）せいぜい一五階ぐらいというところにとどまっちゃうんじゃないかという気がするんですね。いま容積率制限は最高一〇〇〇％という線で法案が提出されていますから、一〇〇〇％ということは敷地の一〇倍です。地下室も全部含むわけですから、あまり楽じゃないんですね」［▼10］と述べている。容積率の上限が一〇〇〇％である以上、超高層化するメリットは顕在化せず、需要はそれほどなかろうとの見解である。

大高の建築家としての見解と木村の構造家としての見解を合わせると、大きな需要を見込めない超高層建築の導入よりも、「一番需要のある建物」すなわち、実際に量を担っている中層建築（三一メートル以下の建物）の設計手法の改善に、新しい構造計算を用いるべきではないかとの批判になり、沖の建築家としての見解と温品の構造家としての見解を合わせると、中層建築の設計手法の改善は当面望めないという悲観的な印象となる。座談会の最終的な共通認識をありていに申し上げれば、超高層ビルの可能性が、既存建築の危険性を明らかにしたということである。ならば、その後の推移を追うに際しての論点は、以下の二点ということになる。まず第一に、超高層ビルの可能性はその後どの様に展開したか、第二に、中層建築物の設計方法の転換はどの様に実現されたかである。

超高層の可能性

まずは、第一の論点について、ここでは、当事者の側から、次に啓蒙者の立場から、二つの著作を糧に考えてみたい。一冊目は、当事者の視点から、日本最初の超高層建築、いわゆる「超高層ビルのあけぼの」の担い手となった霞が関三井ビルの建設経緯を、石田繁之介著『超高層ビル――最初の試みの記録』（一九七八年）で概観しておこう。

現在、霞が関三井ビルのある敷地には、「昭和三十五年から三十六年の夏にかけて、この敷地に対する設計が具体化し、同年十月、計画案が完成した。敷地の形から、この計画案はA型案と呼ばれた」[▼11]。容積率は一〇〇〇％である。この計画案は、着工直前に「国際収支の悪化にともなう金融引締対策の一つとして、一年間工事の着工を繰り延べるよう、政府から勧告を受けた」[▼12]ため、着工は延期され、実現することなく再検討が開始された。その後、隣接する霞会館の敷地と統合し、約五〇〇〇坪の敷地全面に、高さ制限いっぱいに建てる案が検討された。それがこの模型である[Fig.4]。しかし、この建物は、いろいろな意味で効率が悪く、採用には至らなかった。その後、旧建築基準法下でも許される範囲での高層化を前提に、「周囲に二階分の人工地盤をとり、これを有効な広場として利用し、真中にビルを集約し、これを高層部とする計画」[▼13]が生まれる。それがこの模型である[Fig.5]。容積率一〇〇〇％、一六階建てのC一六案は、旧基準法下で考えうる最も効率的で普遍性のあるオフィスビルの形式であり、今日においてなお、充分説得力を持つ計画案である。しかし、「都市計画審議会の同意を得るにはいたらなかった」[▼14]。「ちょうど、そのころ、月も同じ八月、河野建設大臣の高さ制限撤廃の意向が打ち出されたのである。そして、そのころになると、超高層ビルが技術的にも可能であるという見通しが、構造専門家の間にも広がりつつあった」一九六二年のことである。ちなみに、一九六二年というのは、先の座談会の前年である。

これを機に、事態は大きく変わり三井不動産内部に高層化委員会が設置されグループKMG（霞が関三井グループ）が、設計者・施工者・材料メーカー、さらには研究者を含めた大きな設計組織として誕生し、柔構造理論が全面的に取り入れられた三〇階建ての計画案「S三〇案」が完成した［Fig.6］。このS三〇案とC一六案との比較が行われ「S三〇柔構造はC一六剛構造よりいくぶん安く、在来の九階程度のものよりも、二、三割のコスト・アップとなることがわかった」[▼15]とのことである。換言すれば、同じ床面積の場合、柔構造による超高層ビルは、剛構造による高層ビルよりも、当初から経済的であったということになる。

Fig.4　隣接する霞会館の敷地と統合した案

Fig.5　16階建ての高層建築を剛構造で建てる案（C16案）

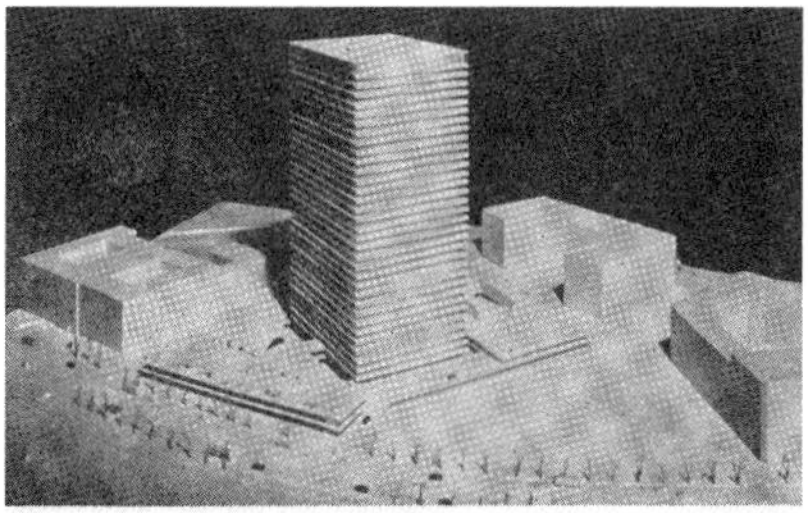
Fig.6　30階建ての超高層を柔構造で建てる案（S30案）

Fig.7　竣工当時の霞が関三井ビル

その後、東京倶楽部ビルが、東京オリンピックに合わせての竣工を目指して単独着工となり、敷地は再び分割されてしまったが、これを契機に、今度は東京倶楽部ビルの反対側にあった会計検査院と協議を行い、道路を確保し「東京都都市計画霞が関三丁目特定街区」の指定を獲得、最終的に「容積率九一〇％、三六階、高さ一四七メートルの霞が関ビルの建設が正式に決定した」[▼16]。こうして、日本で初めての超高層ビルが実現した訳だが、容積率九一〇％というのは、特定街区指定による三〇％割増後の容積率で、第七種地区としての容積率の上限は七〇〇％であったから、日本の超高層建築は、その冒頭から容積率の割増を前提に建設されたことになる[Fig.7]。

竣工した霞が関三井ビルについて、「使用された資材」の項で、石田は次の様に書いている。

> 超高層ビルとはいっても、そこに使用された資材はけっして目をむくほど量が多いということはない。もちろん建物の延床面積が大きくなれば、資材の絶対量はそれに正比例することは当然である。（……）これを剛構造と単純に比較してみると。面白い結果になる。（……）日比谷三井ビルは、地下五階・地上九階、延九万〇八九一平方メートル（約二万八〇〇〇坪）の

面積を持つ。それに対して使用鉄骨量は七〇〇〇トン、鉄筋量もほぼ同数の七〇〇〇トン、合計一万四〇〇〇トンである。鉄骨は地下四階の部分から使用し、鉄骨と鉄筋を併用した鉄骨鉄筋コンクリートによる剛構造形式をとっている。(……)

一方、霞が関ビルでは、面積約一六万平方メートルに対し、鉄骨使用量約一万五〇〇〇トン、鉄筋約八〇〇〇トン、合計二万三〇〇〇トン、それに床版に使用したデッキプレートが約一七〇〇トン(これは型枠代りであるから、実際には構造体に含めるのは適当でない)ある。(……)

このように軽量化につとめた結果、三六階建ての霞が関ビルと九階建て面積約二分の一の日比谷三井ビルの重量がほとんど同じになった、といって驚かない人がいるだろうか。しかし事実である。ともに重量は約一〇万トンである。[▼17]

比較の方法については多様な見解があろうかとは思うが、ここに示されているのは、霞が関三井ビルが、正確には、柔構造を採用した超高層建築が、剛構造を前提とする従来の建築に比べて、いかに軽量化に成功しているかという主張である。軽量化は、建設コストが〔数量〕×〔単価〕+〔経費〕で算出される以上、その技術が汎用化すれば、必ず価格破壊に繋がる。すなわち、この比較は、軽量化が超高層建築にとっていかに重要で、大きな可能性であるかを示唆している。

「希望の建設」としての超高層

では、超高層建築の可能性は、どの様に人々に啓蒙されたのだろうか。ここでは、超高層建築の建設技術がもはや汎用化され、今や「量を担った技術」との認識まで存在する事実を踏まえ、さらに、一般の人々は、建築技術については、それほど深い関心を持っていないが、広さの問題には強い関心があるとの観点から、容積率の問題に絞って検討したい。たとえば、石田繁之介は、開発者の側からの見解として、同書の「容積地区制度」の中で、この図を糧に、次の様に述べている[Fig.8]。

> 一辺aなる正方形の敷地に、aなる高さの建物を建てれば、その容積はa^3となる。次に敷地面積を半分空地として、残った半分に高さaの二倍のビルを建ててもその容積はa^3となる。同様に、3／4の面積を空地にすれば、最初の四倍の高さまで建てられ、しかも容積はa^3と変わらない。つまりこの場合は、敷地面積の一〇〇〇%(一〇倍)までは建ててもよい容積率であるから、どんな形でも同じa^3の範囲内であればよい、ということになる。
>
> この理屈をなかなかのみこめない人が多い。前にもあげたように、超高層ビルを建てると、むやみに容積が大きくなって過密化を招くと非難する人が案外に多いのである。(……)
>
> そんな人には、こう説明したらよいだろうか。ここにハイライトの二〇本入りの箱がある。

これを横に寝かせた高さを三一メートルと仮定すれば、それを縦にすることによって、空地がたくさんとれて、しかもなお中身は同じ二〇本である。［▼18］

ここで、石田は一〇〇〇％以上の可能性は考えていない。少なくとも、その様に見える。この一〇〇〇％という容積率は、かなり広く認識されており、都心部の業務地区といえども、この数値を超える容積率は想定しないというのが、当時の一般的な考え方であった。この点は、先の座談会の大高の見解通りである。

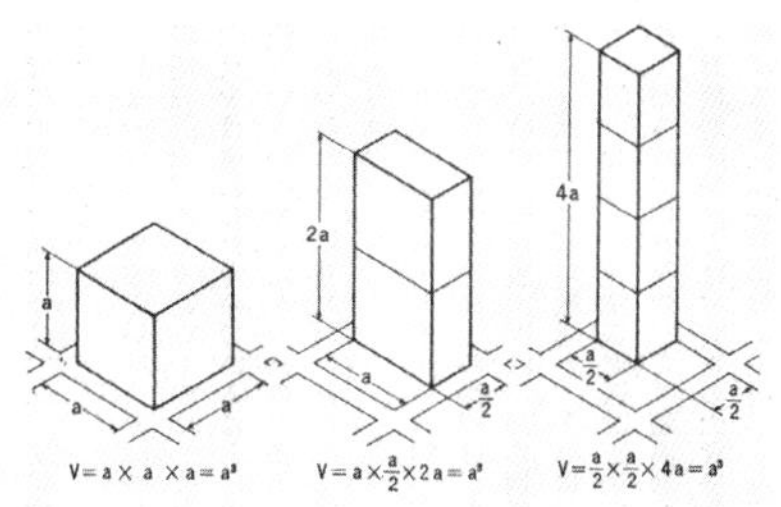

Fig.8　容積率によるいろいろな建て方

では、一般の人々には、どの様に伝えられたのであろうか。この点については、『超高層ビルのあけぼの』（一九六八年）を参照したい。奥付に「小学上級〜中学生向」との記述があるので、当時の少年少女向けに書かれた本ということになるが、それゆえ、超高層ビルに対する一般的な印象や基本的な認識を考えるうえで、重要な資料でもある。

ケースに、「監修――前東大総長茅誠司　作家川端康成　東大名誉教授武藤清」とあり、表紙に武藤清・岩佐氏寿とあるので、二人の共著ということになるが「執筆は、武藤清博士の指導によって、岩佐氏寿が担当しました」［▼19］とあるので、児童文学者でもあった岩佐氏寿の著作とするのが適当ではないかと思う。

岩佐は、「あとがき」に「おとなの方々へ」という副題をつけた一文を付し、そこで次の様に述べている。


この本は、霞が関ビルという、日本の建築史上はじめて出現した超高層建築の、すべてについて、年少の諸君に、わかりやすく伝えようと試みたものです。

けれども、その内容は、複雑多岐をきわめ、いくらわかり易くといっても、限度がありますので、はじめから無理だと思われるような、たとえば、容積制限、斜線制限、特定街区に関する問題など、法律に関することがらは、省略しました。[▼20]

したがって、容積制限についての法律的な記述はないが、超高層化の意義について、こちらの図を糧に、次の様に書かれている。少し長くなるが引用しておきたい[Fig.9]。


まだまだビルが必要なのです。

もっと、ビルをたてねばなりません。(……)

では、どうすればいいでしょうか。

ただひとつ、あいている場所があります。

空です。

空があいていました。

ビルは、空にのびればいいのです。（……）

「東京には、太陽と、緑が、なくなった」と、ひとびとは、かなしげにつぶやきます。

それはほんとうです。（……）

細長い、チョコレートの箱を、図のように、ベタリと横においてください。

これを敷地いっぱいにたてた、十階建てのビルとしましょう。（……）

こんどは、チョコレートの箱を、縦に、立ててみてください。

ちょうど、超高層ビルみたいに――

すると、どうなりますか。（……）

チョコレートの箱を立てると、ずいぶん敷地があまりますね。空地ができたことになりませんか。

その空地に、木を植え、ベンチをおいてはどうでしょうか。

太陽と、緑が、とりもどせるではありませんか。

どうです。いいかんがえでしょう。（……）

チョコレートの箱の容積は、おなじであるのに、ベタリと横に寝

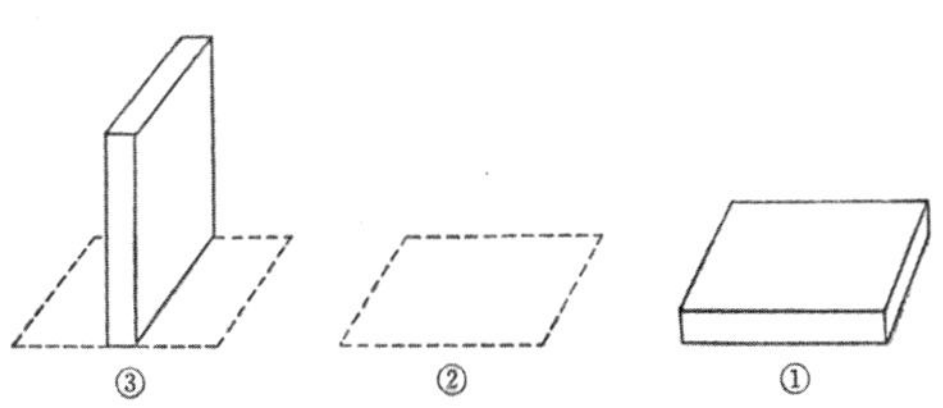

Fig.9 敷地とビル容積との関係図

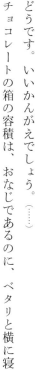

かせれば、敷地いっぱいになる。細長く立てれば、敷地があまる。つまり、ビルの中の、事務所の面積はおなじ、はいる人の数も、おなじだけれども、低いビルだと、道路ぎりぎりに、いっぱいになり、高いビルにすれば、敷地にゆとりができる――小さな公園ぐらいは、できるではありませんか。[▼21]

きわめて分かりやすい説明だが、前段部分は、事務所の面積の不足を、低層密集型の東京を再開発し超高層化することで、職住近接を実現しつつ確保しようという趣旨で書かれており、この部分では、主に容積率の緩和あるいは、その有効利用の必要性が説かれている。後半のチョコレートの箱の話は、石田のタバコの箱の話同様、すでに充分な容積率が許されている業務地区においては、逆に容積率を上げなくても「小さな公園」程度は確保できるという趣旨であるから、「太陽と、緑が、なくなった」と言われる都心部に、超高層ビルによって、現在の容積を失わずに、公開空地を獲得できるという趣旨の記述である。

こうした取り組みの結果、「東京のビル街　工場街　住宅街」[Fig.10]の上段に描かれた「現在の東京の断面」が下段の断面に変えられるのではないかという説得である。まさに「希望の建設」の核となる考え方である。なお、先の座談会での大高の発言や、ここに取りあげた図版を見る限り、その導入時においては、開発側でさえ一〇〇〇%規制を超える緩和を期待していた訳ではなかった。

さて、この写真は、「超高層ビルのあけぼの」に示された「東京には、太陽と、緑が、なくなった」と、人々が、かなしげに呟く光景であるとの記述部分に添えられた写真である[Fig.11]。一方、こちらの写真は、同じ部分の最近の写真である[Fig.12]。二つの写真の間には、ほぼ半世紀の隔たりがある。この写真から「低いビルだと、道路ぎりぎりに、いっぱいになり、高いビルにすれば、敷地にゆとりができる――小さな公園ぐらいは、できるではありませんか」という希望を確認できるだろうか。あるいは、私たちは「太陽と緑を取り返した」と言えるだろうか。もち

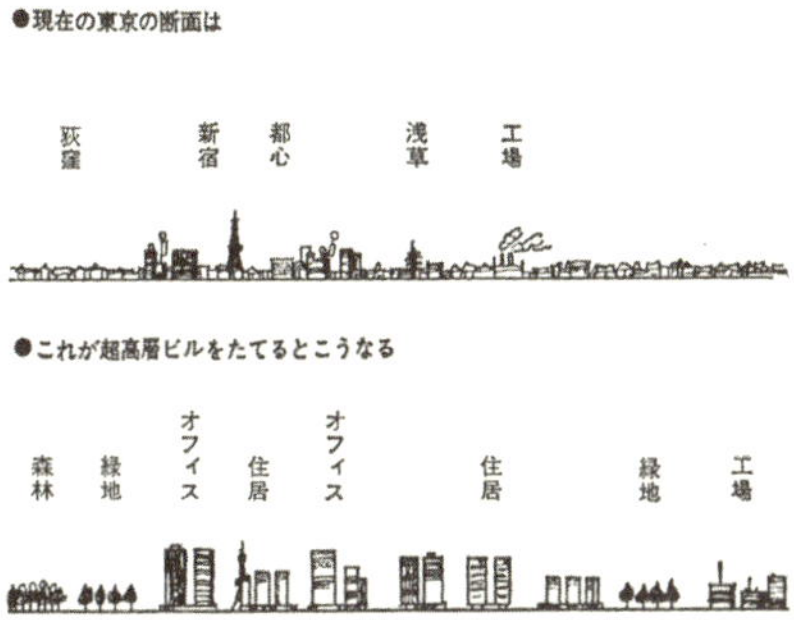

Fig.10　東京のビル街　工場街　住宅街

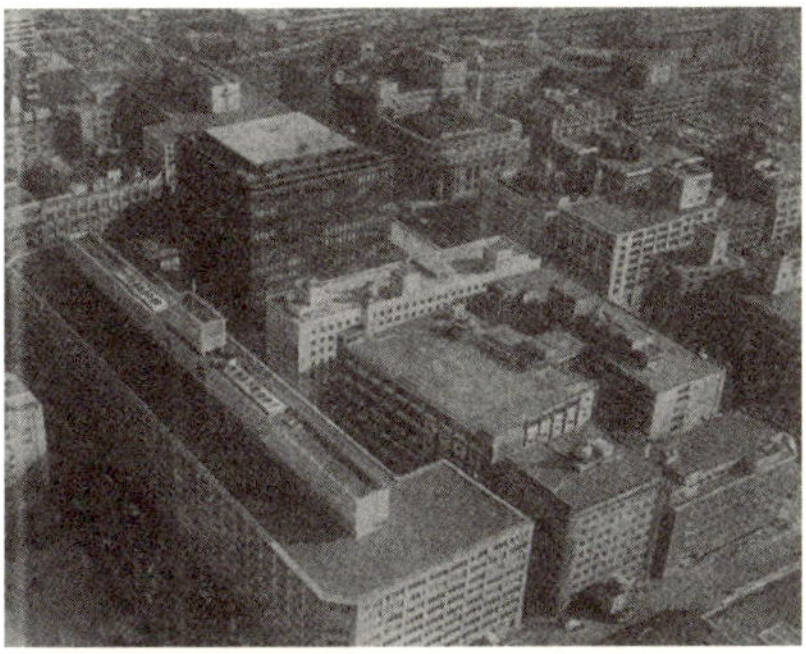

Fig.11　超高層化前の東京

Fig.12　超高層化後の東京

ろん、意見は分かれるだろう。しかし、今日、都心部の超高層ビルと言えば、決して広いとは言えない屋外空間に、場合によっては、その空地をガラスの箱として屋内化したうえで、その横に聳え立つ高密度に床を集積した建物との印象が強い。

今、個別の事例は取りあげないが、この五〇年の間に、容積率の移転や、特定街区によるさらなる緩和が進み、今や都心部は、一五〇〇%を超えるような容積が認められる時代である。「小さな公園ぐらいは、できるではありませんか」と書かれた公開空地も、容積率の緩和に呼応して、否応なく縮小し、さらに、充分に高いガラス天井であれば内部空間でも、そして、それが立ち入り制限の可能な空間であっても、空地として認められる様になった。それが、現代社会の現実である。

『超高層ビルのあけぼの』の本文は、

霞が関ビルは、新しい超高層の時代の、予言者です。いま、小・中学生であるみなさんも、日本最初の超高層ビルをたてたその学問や技術をひきついで、四十年後には、未来都市を、じっさいに、つくりあげている——ということになりましょう。

リレーのバトン・タッチと、おなじです。

みなさんは、バトンを、どううけとって、日本の未来都市を、どうつくりあげていくでしょうか。

それは、みなさん自身の問題です。[▼22]

という一文で結ばれている。私は、当時、中学校の一年生であるから、まさに、この本が読者に想定した世代の人間である。その私が、今、この一文を読んでも、唯々当惑するばかりだが、とはいえ、私たちが、この半世紀を生きてしまった事実からは逃れようがない。少なくとも、戦時体制下で報道映画の制作に携わり、その経験を糧に戦後『君たちはどう生きるか』を監督した岩佐から見れば、一五〇〇%を超える容積を認めたのも、立ち入り制限の可能な内部空間をも空地として合法化したのも、規制緩和を糧に都心部に超高層ビルを大量に供給したのも「君たち」ではないかということなのだろう。岩佐の「結び」には異論もあるが、問いそのものは実に重い。それが、私たちの現実である。この二枚の写真を比較して、私たちは、バトンを受け取り、日本の都市を、この様につくりあげましたと、胸を張って答えられるかと言われれば、それは難しい。むしろ、「今も私たち自身の問題です」と答える以外に術はない。

「地獄の営繕」としての耐震改修

では、その足下に広がる、中層のビルの設計方法の転換は、どの様に進んだのだろうか[Fig.13]。この点について、建築構造学の立場から、和田章が、二〇一〇年一〇月の『建築雑誌』の特集

「構造者の格律」での座談「不確実性をどうとらえるか」で、次の様に述べている。

一九六八年に十勝沖地震があって建物が壊れたわけですが、その年に霞が関ビルが竣工したということは、動的解析がその数年前には実用化されていたということです。その当時、四、五階建てのRCビルに霞が関ビルと同じ方法（地震動の強さと振動解析法）を使ったら、とてももたないというのは、僕でも知っていたくらいです。襲ってくる地震動や揺れ方を説明する物理学は同じなのに、超高層ビルと普通の建物を別なものと考えていたことになります。この矛盾はそのままに、研究だけしていて、一九七八年に宮城県沖地震が起きてからやっと動いた。この間にも建物は次々に建てられていたわけだから、一九八一年に新耐震設計法の法律をつくってあわてたのでは遅かった。［▼23］

Fig.13　超高層ビル群とその足元に広がる中高層ビル群

和田のこの発言は、本章冒頭の「超高層をめぐる諸問題」での、安藤範平のいささか分かりにくい説明や、それに対する木村の違和感、沖の批判、あるいは温品の苦笑の背景を、実に分かりやすく説明している。しかも、座談が掲載された一九六三年は、確かに霞が関三井ビルが竣工する「数年前」である。和田の言う通り、少なくとも最先端にいた専門家は、当時、すでに事態の概要を理解していた。

その後、一九六八年の十勝沖地震があり、一九七七年に「耐震診断基準・耐震改修設計指針」が、さらに一九七八年の宮城沖地震を経て、一九八一年に「新耐震設計法」が導入され今日に至る。

その「新耐震設計法」の導入によって顕在化したのが、いわゆる、構造上既存不適格建築物の存在であった。当時、この変化を、在野の構造設計者として経験した高坂清一は、同じ『建築雑誌』のインタビュー記事で次の様に述べている。

従来の静的解析から動的解析に移行しましたから、この画期的な設計理論に大きな魅力を感じて夢中になって取り組んだものです。しかし他方で、われわれがそれまで信奉してきた立脚点が足下から崩壊したようなものでした。旧基準の時代に構造設計をした建物には安全性が不足している。数値で割り切ることが実務のわれわれには、これも事実としか言いようがありません。それを建築主や設計者に知らせる義務があると思う反面、それは自分の専門家としてのプライドが失墜する誠に屈辱的な行為だと思いました。自分の非力を嘆き、屈辱的なその行為をためらう気持ちもありましたが、一般的には、「俺の知ったことではない」

というくらいの人が多かったのではないかと思います。［▼24］

高坂は、一九七七年の「耐震診断基準・耐震改修設計指針」が示された段階で、自らが構造設計に携わった建築の関係者に事態を説明に回ることを決意する。その理由について、彼は次の様に述べている。

それは自分の良心でしょうね。および技術者として非力であったことを自分の責任として感じたということです。それは構造をやる場合の姿勢として、単に基準を満たせばよいとするか、その根本にあるものを少しでもそこに反映させたいと思うか、その辺の違いかも知れません。［▼25］

一九七八年、大学を卒業し実務についたばかりの私は、私の職場を訪れた彼の姿を、遠目にであったにもかかわらず、今もはっきり覚えている。しかし、これは希有な例で、一般的には「俺の知ったことではない」とまでは言わないまでも「私の責任ではない」との認識で受けとめられていたし、それはその通りでもあった。ここに「量を担った技術」と向き合うことの困難さがある。

さて、この様に書くと、超高層の建設という「希望」と、中層ビルの営繕という「地獄」に二分されるかにも見えるが、事態はそう単純ではない。大正一二年の関東大震災以降は、耐震性と耐火性を兼ね備えた鉄筋コンクリート造の中層ビル（三一メートル以下）の建設こそが「希望」であり、組積造の営繕こそが「地獄」であったし、さらに遡れば、明治五年の大火を目の当たりにした私たちにとって、耐火性に優れた組積造の建設こそが「希望」であり、木造建築の営繕こそが「地獄」であったからだ。

そして、今、私たちは、場合によっては、新たな建設に「希望」を見出せないまま、超高層ビルの営繕までもが「地獄」との認識で受けとめられかねない時代に入ろうとしている。ならば、営繕が「地獄」であって良いはずはない。ここに、「地獄の営繕」という現実認識に立ったうえで、それが「希望の建設」への過度な依存ゆえの見立てではないかとの仮説を糧に、営繕を考える論拠がある。

第2章 ライフデザイン学入門

Fig.14　上：東洋大学旧教養課程研究棟②
下：東洋大学人間環境デザイン学科実験工房棟 ②

私は、ここ一〇年ほど、ライフデザイン学部人間環境デザイン学科で、教員として学生と過ごしている。文学部の教員が、文学の専門家である様に、あるいは、理工学部の教員が理学や工学の専門家である様に、私もライフデザイン学の専門家であるということになる。開学一〇年を超え、ようやく、その様に書く覚悟を身につけたが、実態はいささか心もとない。とはいえ、この一〇年、人間環境デザイン学科だけでも、実に多様な専門分野の方と話し合い、ライフデザイン学についても、人間環境デザイン学についてもそれなりの研鑽を積んできた。「ライフデザイン学入門」というのは、学部生全員が、学部教員全員の話を一度は聞くという趣旨で配当されたオムニバス形式の必修科目である。各教員は、自分の専門知識を糧に「ライフデザイン学」について話すことになっている。本章は、その授業での私の講義録をもとに作成したものである。

建築のライフデザイン

「ライフデザイン」は、学部創設にかかわったコアメンバーの方々による造語で、たとえば「サスティーナブルデザイン」の様に、その定義をどこかで調べたり、その訳語である「持続可能性」について、その範囲と正当性について確認すべき相手はいない。そういう意味で、「ライフデザイン」も「人間環境デザイン」も、私たち自身の言葉であり分野である。こうした経緯に鑑み、関係者としてあらかじめ申し上げておくが、ライフデザイン学部の「ライフ」は人間の生活や生涯を念頭においたもので、建築の「耐久性」や「寿命」を視野に入れた言葉ではない。建築の寿命を念頭にしばしば用いられる「ライフサイクルコスト論」の「ライフ」とは無関係である。「建築のライフデザイン」という言葉は、建築を人間に見立てた私の造語である。

ありていに説明すれば、建物の寿命を、機械の耐用年数ではなく、人間の生涯のアナロジーとして捉えてみようという趣旨である。理由は単純で、その長さから考えて、たとえば、家電や自動車より遥かに人間に近いからである。長いということは、不確実な要素が多いということであり、この長期性ゆえの不確実性が、機械の耐用年数よりは人間の生涯を彷彿とさせるという趣旨である。

具体的な話として、たとえば、人が自らのライフデザインを意識するのは物心ついてからのことで、人生の開始時点ではない。逆に、マンションの減価償却の期間や長期積立金などは、あらかじめ予定されており、住み始めてから考えるものではない。少なくともその様に見える。しかし、長年マンション暮らしを続けている方なら、この長期予測がいかに困難で、いわゆる長期計画が、いかに希望的観測を前提とした予測にすぎないかは、よくご存知のはずだ。どれほど精緻に予測しても、その予測通りに事態が進むことはきわめて稀で、住み手の人生同様、常に混乱に巻き込まれるのが普通だろう。もちろん、それこそが新しい出会いであり可能性でもある訳だが、ライフデザインは常に変更を迫られる。それが私たちの日々の生活でありライフである。

たとえば、

あなたの夢は
あなたの得意の分野は
あなたは理科系、それとも文化系
あなたに向いた職業は
生命保険は
年金は
あなたにふさわしいお相手は
あなたの望む結婚式は
あなたの自己啓発は
あなたの第二の人生は
退職金の運用は
等々

執拗にデザインを迫られるはずだ。もちろん、最後は「終活は」であるから、死ぬまで解放されることはない。これがライフデザインの現実である。にもかかわらず、

夢は所詮夢で、将来は不安でいっぱいだし
得意分野は不得意というほど苦手ではないという程度のもので
国語が嫌いか、数学が苦手かにすぎず
天職といわれても苦悩は深まるばかりだし
保険には入るものだと言われたし
年金は義務だと言われたし
結婚は見合いか恋愛かだろうし
作法は式場でコーディネーターに教えてもらうものだと思っているし
幾つもセミナーがあるし
第二の人生は突然やってくるという話だし
退職金をもらった途端、信頼できそうな銀行員に指導されるものらしいし
等々で

せめて「終活ぐらい自分で決めたいと思っていたら、結構複雑で……」、すべての計画は、そも

そも当初から希望を糧とした広告による誘導にすぎなかったのではないか、実は、誰もがそう考えている。

マンションや戸建て住宅も多くの問題を抱えている。現代建築は工業化を背景に、その相当部分が耐久消費財化してはいるものの、誰も自分の家を、減価償却を完了すれば、ただちに買い替えねばならない耐久消費財だとは考えていないし、その使用状況から余命を客観的に予測できるとも考えてはいないだろう。時には、不幸にして償却が開始されたばかりの新築であるにもかかわらず、瑕疵によってすでに余命が奪われていたり、快適な空間が突然、災害に見舞われ、完膚なきまでに破壊されてしまうこともあるし、逆に、古めかしくなったデザインが急に魅力的なデザインに見えてきたり、建て替える以外に術はないと諦めていた旧館が文化遺産として再発見されることもあるに違いない。そう考えると、建築もまた、実に不確実性の塊の様な存在である。

しかし、「住宅ローンは」「長期改修計画のための管理費積立は」と出費を強いられ、執拗に、「配管の交換は」「屋上防水の更新は」「エレベーターの交換時期は」「外壁改修の時期は」「そもそも耐震補強ではありませんか」等々、常に計画を強いられる。しかも、すべての計画を言われた通りきちんと積み上げると最初から破綻していた様にも見える。すべての計画は、当初から希望を糧とした広告にすぎなかったのではないか、そう考えたくなる。実によく似ているではないか。

ことの軽重はさておき、ある程度の目算はあったにせよ、気がつくとすべては始まっていて、その渦中にあって、ようやく将来が気になる様になり、あたかもそれが常識であるかのごとく計画を要請され、余命の客観化が実に困難であるにもかかわらず、一見、合理的なライフデザインを考えなければならなくなるという構造は共通している。擬人化すると、こうした論点は、実に分かりやすくなる。

ここで再度確認しておくが、建物の寿命は不明で、そもそも物である以上、寿命などという概念は存在しない。ありていに申し上げれば、たとえば、新築マンションの場合、購入者の多くは、竣工時点では、おおむね不老不死を前提としているに違いない。少なくとも、充分に長い使用期間を前提として購入に至ったはずだ。ところが、使い住み始めた途端、減価償却だの長期修繕計画だのと、実に、説得力にあふれた将来計画が立ち現れる。それが、建物を手に入れた途端、始まってしまうというところが、私たち自身の将来計画に似ている。ここに「建築のライフデザイン」という造語が成立する所以がある。

繰り返すが、「建築のライフデザイン」という造語は、その長期性とそれゆえの不確実性が、人間の生涯を彷彿とさせるという意味でのアナロジーで、建築の寿命が、人の平均寿命、たとえば八〇年程度であるという意味ではない。では、まったく無関係かと言えば、実はそうでもない。「建築の維持」について、考え始めた頃、この関係にはずいぶん悩まされたからだ。たとえば、住宅の場合、その寿命の主要要因である所有者の死や相続税の発生、あるいは、その回避を目的とした再開発は、その住宅の住人の寿命や余命を直接的な契機として行われる。こうした場面では、人の寿命と建築の寿命、特に住宅の寿命との間には、強い相関関係が見出される。もちろん、本書の趣旨は、こうした直接的な結びつきではなく「その長期性ゆえの不確実性」に注目しての検討にある。そこで、混乱を避けるために、両者が直接的に関連する場合について、先に整理しておこうと思う。

一九八〇年代という契機

私が「建築の維持」について考え始めたのは、一九八〇年代のことである。大学の設計課題が、常に更地への新築であったにもかかわらず、現場では、その多くが建て替え依頼で、敷地を見にいくと、しばしば、建て替えることが豊かさに繋がるのだろうかという葛藤に襲われたからである。当時、「サスティーナブル」という言葉はまだ聞いたことがなかった。私が漠然と考えていたのは、文化財の保存とは異なる「建築維持」の概念があるはずだということだったのだが、維持管理は、通常「営繕」と呼ばれ、新築より一段低く見られる分野だった。ようやく「保全」という言葉が流通し始めた時代である。その頃、建築の寿命は、その建築が通常の「営繕」ではもはや回復できない機能不全に陥った場合とするのが一般的で、それは設備機器や配管の寿命であるとされていた。調べてみると、これらの理由とは別に、たとえば事務所建築の場合、長期金利が六％以下で、かつ既存床面積の約二五％増しのビルに建て替えられれば、自己資金がなくてもスクラップアンドビルドは可能であるという高度成長期のシミュレーションが、相当の説得力をもって存在していた。マンションの建て替えが実現するのも、同じ様なシミュレーションが成立した場合であった。一方、戸建て住宅には相続という決定的な解体の契機が存在した。建築制限の比較的緩かった都心の住宅地においては、平均階数二階に満たない在来木造の住宅街を高層化するのはきわめてリスクの少ない開発手法であったために、相続ではなく地上げによって纏められていく場合が少なくなかった。もちろん、先のシミュレーションが成立する前提として、高層化による増床と、それを満たすに充分な新しい借り手や買い手の存在が必須であったが、時代はまさに今日振り返って言うところのバブル経済の入り口にあり、土地価格の上昇と床の需要に疑問の余地はなく、信頼すべき前提の様に思われていた。

ライフサイクルコスト論が本格的に紹介されたのもこの頃であった。ライフサイクルとは、建築の竣工から解体までという意味で、人間に喩えれば誕生から埋葬までということになる。これをコスト、すなわち経済性から考えようという主張だった。設計時に、その建築の維持管理まで含めて総合的に考えるという点で大切な提案を含んでいたし、営繕からのフィードバックが含まれていた点も、注目に価する発想であった。マンションの長期修繕計画の策定や、その積立金の積算根拠の提示が実現した背景には、ライフサイクルコスト論が大きな役割を果たした様に思う。一方で、経済における未来とは、長期といっても一〇年程度の話で、それも不確実な予測にすぎず、建築の様に数十年にわたって使い続けるものの「ライフサイクル」を経済性から合理的に導き出そうとしても、そこには自ずと限界もあった。

一九八〇年代というのは、再開発ブームが顕在化する中で、オイルショック以来積み上げてきた経験を糧に、建設一辺倒であった工学としての建築が、ようやく「保全論」や「ライフサイクルコスト論」に目を向け始めた時代でもあり、再開発ブームの陰で、実践的には敗北を重ねつつも、こうした発想の可能性が語られ始めた時代であった。もちろん、この転換は、きわめて困難な問題を多数含んでおり、それゆえ、今日においてなお、未解決な問題が山積する状況にあるが、その背景には、多くの耐久消費財が、後に詳述する様に、明らかに「ワンウェー+リサイクル」へと進む日本社会にあって、なぜ、建築だけが「リターナブル+リサイクル」の可能性を議論しなければならないのかという、実に分かりやすく、かつ反論に手間のかかる「問い」があった。

新耐震の導入

しかし、最も大きな「問い」は、地震であった。正確には、一九八一年の新耐震設計基準（以下、新耐震）の導入を契機として明らかになったいわゆる既存不適格建築物の存在であった。新耐震によって、既存建築の大多数が、その実数が把握困難なまでに多数の建物が、既存不適格の可能性を指摘され、最終的に、その多くが耐震改修か建て替えかの選択を迫られる事態となったからである。もちろん、新耐震導入に先だって、既存建築の耐震改修のために、ずいぶんきめ細かな配慮がなされたが、新耐震以前の法的環境の下で、順調な減価償却の過程にあった建物の所有者にとって、既存不適格というレッテルは青天の霹靂ではあったが、同時に、大半の既存建物が同じ状況にあるとの認識は、ただちに対処すべき喫緊の課題との認識の糧にはなりがたかった。次の大震災は東海沖で起こり、それは予知できるかもしれないとの期待もこうした傾向を助長する要因となった。

既存不適格は、次の二つの傾向を顕在化させた。まず第一に、既存建築物に対する営繕意欲の低下である。たとえば、ある賃貸オフィスビルが、設備系統の更新時期を迎えたとしよう。所有者は、設備を更新し、できれば経年変化から劣化の目立ち始めた外壁にも手を入れ、建物の品質を向上させ、場合によっては賃料を引き上げたいと考えたとしよう。それが難しくても、せめて賃料を維持したいと考えるはずだ。しかし、当該建物は、建設年代から考えて既存不適格である可能性が高い。こうした場合、設備を更新し劣化した外壁を改修しても、既存不適格の可能性の解消は望めない。安全性を最優先に考えれば、むしろ、設備も外壁も諦めて、まずは耐震診断を実施し、必要に応じて補強を行うべきだろう。一方、新耐震施行直後の一九八〇年代は、大多数の建物が既存不適格との印象の時代である。耐震補強は確かに重要だが、設備の更新費用の捻出にも苦しむ所有者にとってそれは大きな負担であった。しかも、耐震補強自体は、日常の使い心地という点から考えれば、何のメリットももたらさない改修工事である。建設時に社会的責任は果たしているとの認識を持つ所有者からすれば、想定が変わったから対処せよと言われても、ただちに、そのコストを負担する気にはなれなかったであろうし、むしろ、最低限の設備の更新を実施したうえで、他の改修は諦め、賃料の低下を最小限に抑えながら、今の建物をできるだけ早期に建て替えるべく準備する方が、希望の持てるビジョンであったはずだ。ここに、既存建築物に対する営繕意欲が低下する第一の所以があった。

もう一つ、バブル期の、地価高騰を背景とする再開発ブームは、建て替えを比較的容易に見せる力を持っていた。今のうちに建て替えて、一気に問題を解消してしまおうという機運が強かったのである。バブル期とは、現代建築は自動車よりは長く使えるが、所詮は耐久消費財だという考え方が最も強まった時代であったと同時に、新耐震施行を糧に、今度こそ、高耐久で本格的な建築が建てられるという希望が持てた時代でもあった。所有者にとっても、設計者にとっても、建設会社にとっても、建て替えは、実に有効で可能性に満ちた解決策に見えた。改修か建て替えかという問いに対する私たちの当時の判断が、しばしば、建て替えであった理由がここにある。

超高層と墓

例外も存在した。最も分かりやすい例が超高層であった。超高層の多くは、すでに申し上げた通り既存不適格とは無縁で、しかも、建て替えても床の大幅な拡大は望めなかったし、そもそも取り壊しとそれに伴うテナントの移転に費用がかかりすぎ、改修しつつ継続使用するという考え方が広がりつつあったからだ。実は、バブルの時期に、地上千メートルを超える超超高層建築の可能性が語られたこともあった。そこでは、さらなる高層化によって実現するより広い公開空地を緑化し、都市環境の是正を探ろうとする人々の思いと、設備などの更新時期を迎えつつあった超高層の建て替えをさらなる増床の契機としようとする開発側の意欲が交錯していたが、私の印象では、後者の趣旨が強く、前者の目的とは直接結びつかないものの様に思われた。三一メートル制限から容積率への移行で掲げられたビジョンの脆弱さを見せつけられてきた側には、同じビジョンを掲げても結果は変わるまいとの思いが強く、むしろ、一見、清廉に見えるビジョンを繰り返し掲げる楽観主義の狡猾さが耐えがたかった。この印象は今も変わらない。

一方、その超高層の足下に広がる多くの一般的な建物の寿命は、すでに述べた様に、金利と相続税に翻弄されており、他の理由はそうした事実に出会うきっかけであったり、それらを包むオブラートの様なものでしかなかった。それは当時から強い確信であったが、統計やアンケートによって証明できる様な事実でもなかった。そこで、証明は難しいとしても、一定の相関関係や、説得力のある事例くらいは存在するのではないかと思い、逆に機能とも金利とも、そして相続とも縁のない建築はないだろうかと考えた。すなわち、あらゆる建て替え根拠から解き放たれた建築である。耐久性だけが要請される建築というものが実在すれば、それは長寿命な建築であるはずだ、そう考えたのである。もっとも、宗教建築や歴史的モニュメントならまだしも、私たちの取り扱う分野にそんなものがそう簡単に見出せるとも思えなかった。しかし、そういう建築を一般市民である私たちが、日常的に所有していれば、少なくとも利用していれば、事態はずいぶん説明しやすくなると考えたのだが、具体的な事例はなかなか見出せなかった。とはいえ、頭のどこかで常に意識していた様に思う。それが幸いしたのだろう。ある日、青山墓地を歩いていて、ふと気がついたのである。「ここには古い墓石が延々と並んでいるではないか」と。都心の土地はどこも決して廉価ではない。バブルの当時は途方もない額であった。にもかかわらず、墓を金利や相続で失ったという話は聞いたことがなかったからだ。

実際、墓地の取得は、使用権それも永代使用権という権利の取得で、いわゆる土地取引ではない。さらに、墓地の使用権は永代だから相続税はかからない。墓の機能は納骨とそれを前提として行われる墓参りや法事の目的地となることだが、これらはもともと機能と呼ぶほどのものではない。むしろ、無機能であると言った方が事実に近い。しかも石造で耐久性に疑問の余地はない。確かに建て替え根拠から解き放たれている。ならば、この世の一般的な建物は、建て替えが困難なほどまでに巨大化した超高層建築と無機能で永代使用権に守られた小さな墓の間にあって、金利と相続に翻弄される様に建て替えられている、そういうことになる[Fig.15]。確かにそうである。難問が解けた清々しさはあったものの、直ぐになんとも言いようのない暗い気持ちになったが、同時に、そんなものかもしれないという安堵感もあった。以来、建築の寿命とは、人間の寿命同様、長くする努力は大切であるが、必ずしも客観的な分析や研究によって最適値が見出せるものでもなく、誰もがビジョンを持ち、各自が実践すべき分野であると言った方が良いのではないか。

確かに、もともと寿命などという概念を導入すべき対象ではないのだから、その方が分かりやすいではないか。そんなふうに考える様になった。しかし、話はこれでは終わらなかった。超高層の建て替えが話題となり、墓の整理と再募集という事態が招来したからである[Fig.16, 17]。とはいえ、この点については後に検討するとして、今は、この世の一般的な建物は、建て替えが困難なほどまでに巨大化した超高層建築と無機能で永代使用権に守られた小さな墓の間にあって、金利と相続に翻弄される様に建て替えられているという理解で先に進みたい。

Fig.15　超高層と墓．青山墓地から見た六本木ヒルズビル

Fig.16　超高層の解体，赤坂プリンスホテルとその解体

Fig.17　超高層の建て替え，赤坂プリンスホテル

住み継ぐ

バブル崩壊を機に、土地神話も崩壊し、金利はほとんど〇%になった。高度成長期や、それを継承したバブル時代の論理に従えば、長期金利が〇%なら、ほとんど床を増やさなくても建て替えが可能となり、実に豊かな可能性に満ちた時代に突入したはずであった。しかし、すでに借りた金利は下がらない一方で、担保として差し出した土地は値下がりし、実際には建て替えすらままならない時代となっていた。さらに不況で、あれほど不足していたはずの床の需要そのものが嘘の様に消えてしまったのである。その頃のことである。ある雑誌に「住み継ぐ」という題の原稿を依頼された。「住み継ぐ」とは、明らかに、スクラップアンドビルドではなく既存住宅を修理しながら住み続けることを意識した言葉である。実際に、住宅事情も一変し、リフォームが話題になる時代に入っていた。

同じ頃、東洋大学で「文学における家族の問題」という公開講座が行われ、その内容を纏めた同名の書籍が刊行された。その冒頭部分に、以下の様な一節があった。

今日の日本人が直面しているのは、家庭の崩壊という現実である。

（……）家庭の崩壊の前に家族の解体があった。核家族がそれである。さらにさかのぼれば、家族の解体の前に、家からの個人の自由を求める願望が、日露戦後の明治末から大正期に急速に芽生えはじめた。生活の底面である家庭は、人が婚姻し、子を産み育て、やがて死んでいく根源の場所である。家からの自由、家族からの自由、家庭からの自由という願望はついにこの場所の消滅の危機を予見しない近代のオプチミズムの所産である。[▼1]

これは、当時、文学部教授であった桶谷秀昭の一文である。

建築を専門とする私の側から言えば住宅は家族の器であり、工学はまさに「近代のオプチミズム」を代表する分野の一つである。そして、「消滅の危機を予見しない近代のオプチミズムの所産である」との見解の背景には、「近代のオプチミズム」が、希望を糧とした可能性にすぎず、必ずしも現実的な説得ではなかったのではないかという疑義がある。確かにそうでなければ、この期に及んで、原発再稼働に可能性を見出そうとは考えないだろう。一方、多くの建築学科はその工学部にある。私自身は、必ずしもこの言説に同意する訳にはいかないとの立場だが、やはり「家からの自由、家族からの自由、家庭からの自由という願望は、ついにこの場所の消滅の危機を予見しない近代のオプチミズムの所産である」という一文は、実に胸に突き刺さる。

文学的な表現を、建築の、しかも実に即物的な問題と直結するのにはいささかの躊躇はあったが、この一節と、戦後の住宅政策・市場・生産・消費といったものが、無関係な問題とは言えないのも確かな事実であった。スクラップアンドビルドが、多くの場合、この言説の意図を断ち切り、あるいは引きずりながらも振り払おうとするものであるのに対して、「住み継ぐ」とは、この声と向き合うことに他ならないからである。たとえば「住み継ぐ」べき住宅が、今や使い捨ての耐久消費財に成り下がってしまっているということになれば、「住み継ぐ」というビジョンは実際には「住み継がざるをえない」という現実ということになる。ならば、「危機を予見しない近代のオプチミズムの所産」との指摘は、即物的な意味においても実に的を射た批判ということになりかねない。

「住み継がざるをえない」という現実がやって来るにせよ、そこに「住み継ぐ」という楽観的な言葉で語りうる面を発見することこそ、「近代のオプチミズム」を代表する分野に対する社会的要請ということになるのではないか。依頼された原稿には、その様な趣旨のことを書いた。

新しい住宅の可能性

ところで「日露戦後の明治末から大正期に急速に芽生えはじめた」「家からの個人の自由を求める願望」とは、今日「個人主義」と呼ばれる生き方である。そして、この個人主義が求める自由を束縛してきた「家」こそ、実は、先に言及した「墓」を維持してきた制度そのものであった。今日、個人主義は、ついに「家族からの自由」をも実現し、今や生活を部分的にアウトソーシングの対象として分割し、そこに器としての住宅の新しい可能性を見出そうとする試みさえ可能な時代になった。たとえば、冷蔵庫をコンビニに、食堂をファミレスに、といった言説が象徴する生活像が、これにあたる。

では、「家族からの自由、家庭からの自由という願望は、ついにこの場所の消滅の危機を予見しない近代のオプチミズムの所産である」との見解に、そのオプチミズムの担い手である私たちは、どの様なビジョンをもって向き合いうるのだろうか。この点について、放送大学の教科書『住計画論』（本間博文・初見学共著）が示唆に富んだ見解を示しているので、それを糧に、少し踏み込んで考えてみたい。『住計画論』は、その中で、次の様に書いている。

家族の個人化を前提とするならば、家族を社会の基本単位として個人が家族を媒介にして社会とつながる〈社会－家庭－個人〉という段階構成と、それを空間配列に置き換えたnLDKプランの〈社会（外部）－居間－個室〉という図式は実情にそぐわなくなる。

それに対して、黒沢隆は、（……）近代住居としてのnLDK型の居間中心の構成を否定すること、即ち基本的空間として「居間」とそれに付属する「個室」という関係を反転し、個人生活の進展とともに住宅の中心的、基本的な空間は個人に帰属する「個室」にあるという考え方に立つ。

一方、山本理顕は、家族を共同体と捉え、基本単位としての個人が社会や家族と対等に、ダイレクトに、また選択的につながる〈社会－個人－家庭〉という関係を想起し、そうした家族関係を空間の配列方法によって記述することを試みている。（……）空間配列上では、〈社会（外部）―個室―居間〉というように個室が居間と接続すると同時に社会ともダイレクトに接続する構成になる[Fig.18]。
新しい空間配列の試みは、自立した個人が共同体としての家族や社会と多様な関係を取り結ぶ可能性を示唆している。[▼2]

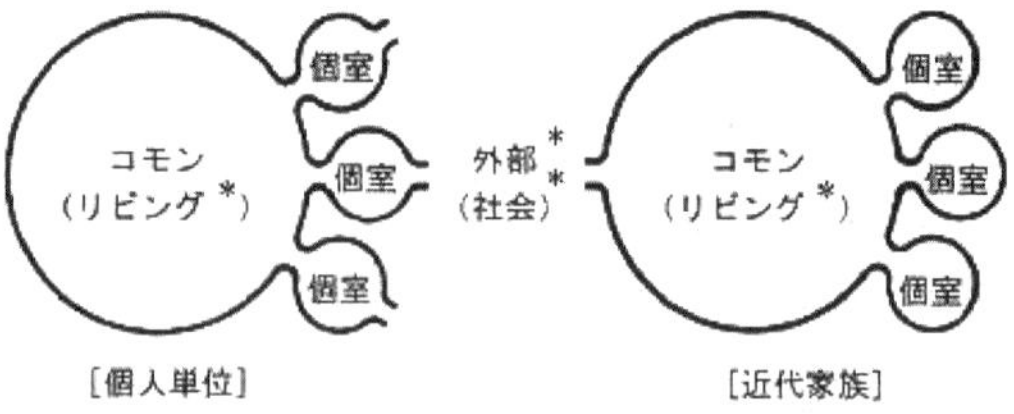

Fig.18　家族関係と空間配列（山本理顕）

今、この本文を図版と共に追えば、文意の概要は理解できるだろう。私たちは、しばしば、この様な形で、個人主義の定着しつつある現代社会における住宅の方向性について論じてきた。私が、ここで、こう申し上げるのは、黒沢隆や山本理顕の考え方や設計趣旨が象徴的に用いられている点に注目してのことではない。その援用方法に対してである。最後の「新しい空間配列の試みは、自立した個人が共同体としての家族や社会と多様な関係を取り結ぶ可能性を示唆している」との結論は、明らかに、桶谷が「近代のオプチミズムの所産である」と批判した、その「オプチミズム」を象徴しているからであり、この結論部分が、黒沢でも山本でもなく、著者の見解を示している点に注目してのことである。

私は、桶谷の批判に、実に胸に突き刺さるものを感じつつも、『住計画論』が示唆する可能性に注目している訳だが、同時に、『住計画論』の見解に傾倒しつつも、その説得の手法に危惧を抱いている。換言すれば、この説得を糧に「新しい空間配列」を積極的に受けいれることには、いささか躊躇がある。もちろん、その疑問を精査すれば、黒沢や山本の考え方に及ぶ問題であるかもしれないが、彼らの設計手法や考え方に疑問を提起している訳ではない。私の疑問は、実に、この教科書のオプティミスティックな姿勢に対してであり、特に最後の二行に示された楽観的な可能性に対する躊躇である。正確には、この結論に至る過程に違和感を覚えるということなのだが、では、この結論はどの様に導き出されているのだろうか。

まず、冒頭の「家族の個人化を前提とするならば」という前提に注目したい。この前提は、著者による提示ではあるが、主語は、明らかに社会、あるいは、あなた、すなわち読者である。もし、読者を含む社会が「家族の個人化を前提とするならば」という趣旨の一文である。したがって、この前提以降の記述は、結論に至るまですべて、この前提を受けいれた人々の、これからの住宅に関する言説で、著者の生活観やライフスタイルとは関係がない。少なくとも、著者の価値観と関連づけて読むべき部分ではない。それに対して「文学における家族の問題」からの引用部分の主体は、紛うことなく筆者、桶谷自身である。二つの文章には、この点で大きな違いがある。こうした差異を理解したうえで、『住計画論』の引用部分を精読すれば、「新しい空間配列の試み」が実を結ぶためには「自立した個人」の存在が必須であり、それがなければ「共同体としての家族や社会と多様な関係を取り結ぶ」ことは難しいという見解になる。いやむしろ、それこそが著者の見解なのではないかとも読める。

しかし、この部分を、その様な趣旨で理解する読者は、決して多くないと私は思う。理由は、私たちが、「新しい」「自立した」「可能性」という単語を、その反対語である「古い」「依存した」「限界性」という組み合わせよりも遙かに魅力的な表現として読むからに他ならないのだが、本来、どちらの組み合わせも、ことの良し悪しとは、必ずしも一義的に結びつかない。にもかかわらず、たとえば「新しい可能性に満ちた自立した人生」を「危険で限界をわきまえない孤立した人生」とは考えないし、逆に「古くて変化に乏しい依存的な人生」を「安全で限界をわきまえた相互依存を糧とする人生」とは捉えない。それが、私たちの言葉の使い方である。正確には、私たちは、そうした使い方をする側の人間である。桶谷は、そうした私たちのありようを「近代のオプチミズム」と捉え「家からの自由、家族からの自由、家庭からの自由という願望は、ついにこの場所の消滅の危機を予見しない」と、正面から批判している。ここに、桶谷の批判が、私の胸に突き刺さる所以がある。

もう一歩踏み込んで申し上げれば、『住計画論』の著者は、冒頭で自身の価値観とは直接結びつかないが、と断ってはいるものの、読者がこの前提を深く認識することなく読み進み、さらに、「新しい」「自立した」「可能性」を「近代のオプチミズム」を象徴する言葉として好感をもって迎え、結果として「個人が共同体としての家族や社会と多様な関係を取り結ぶ可能性」を、好ましい生活像として受けいれるであろうことをあらかじめ意識して書いている様にも見える。桶谷は、私たちのこうした説得のあり方を批判している。すなわち、彼が批判しているのは、黒沢や山本の住宅観ではなく、私たちの言説のありようなのではないか、私はそう考える。換言すれば、冒頭で「家族の個人化を前提とするならば」と述べた以上、先の結論は、より客観的に、あるいはより中立的に、

新しい空間配列の試みは、自立した個人が共同体としての家族や社会と多様な関係を取り結ぶ可能性を示唆していると同時に、孤立に陥った個人が共同体としての家族や社会との複雑な関係に苦悩する可能性も示唆している。

と書かれるべきではないか。逆に、教科書として、より積極的な啓蒙を意図するなら、冒頭の「家族の個人化を前提とするならば」を削除すべきではないか。私たちは、その様に批判されている。しかし、私たちは、その様な表現とは距離をとろうとする。ここに、私たちの説得の脆弱さと危うさがある。桶谷はそこを批判している。

私たちの生活と建築のライフデザイン

近代一〇〇年以上の歴史を経て、個人の尊厳への思いは、今ようやく結実しつつあるかに見える。その過程で、古い墓を家が守るという従来の形式は確実に困難になっていったが、その背景

Fig.19　無縁塔

には、自らの墓を新しく建立しようとする意欲と、納骨の場を求める切実な要請と、失われつつある家制度の最後の単位としての家族が、その墓を維持し守ってくれるかもしれないという期待が交錯しており、事態は決して単純ではなかった。しかし、残された家族が継承したのは、あるいは継承せざるをえなかったのは、時として、墓を守ることではなく、さらに新しい墓を建立することであり、その結果としての無縁化であった。個人の尊厳の獲得とは、ある意味で、墓を守り維持していく力の喪失であったからだ。私たちは、新しい墓が次々と建立されていく一方で、古い墓のみならず、その新しい墓までもが次々と無縁化していくという現実の中にある。一見堅牢に見える墓は、実はこの無縁化によって呆気なく失われる。いやむしろ、墓の命は、唯一、この無縁化によって奪われる。無縁化とは縁者がいなくなったという意味である。

無縁化が正式な手続きを経て公式に認定されると、寺であれば、該当墓石に納骨された御骨と墓碑銘を刻んだ竿石を無縁塔へ移し、他の墓石は、搬出後破砕され砕石として再利用される[Fig.19]。ちなみに、墓石は、いったん墓地を出てしまえば産業廃棄物である。廃棄される墓石は、原形を留めないまでに破壊することが要請されている。墓石が処分され、竿石と御骨が無縁塔に移されると、その区画の永代使用権は、新たな希望者へと受け継がれ、新しい墓が建立される。無縁塔を供養することは寺にとってきわめて大切な勤めではあるが、すべての墓が無縁化すれば、寺といえども立ちいかなくなる。

一般的な建築が、金利や相続といった人間社会がつくりあげた制度によって失われるとすれば、そうした制度から解放された建築である墓は、それにかかわる具体的な個人がいなくなった時、すなわち、維持していこうとする意志が失われた時、その役割を終える。核家族化した現代における、そして、それゆえに必要とされる新たな墓の建立とは、もともと無縁化の危機を孕んでいる。私たちは、生き方のみならず死に方についても近代化を迫られている。

一方、超高層の建て替えは、墓よりも遥かに単純で、さらなる容積率の緩和と解体技術の進歩、それに伴う建て替え期間の短縮ということになるのだが、当初一〇〇〇%とされていた最大容積率が、今や一五〇〇%という現実を前にすれば、超高層といえども、建て替えの対象とならざるをえなかったということである。もちろん、成長を前提としない社会である以上、増床部分への需要がどこから生まれるのかは、充分考える必要がある。

いささか長くなったが、超高層も墓も、実は、当初、私が考えていた様な、安定した存在ではなかったのである。しかし、その原因は、「希望の建設」についてはオプティミスティックに語るにもかかわらず、「地獄の営繕」とは距離をとろうとする私たちの姿勢と深く関連している。

以上の様な経緯を糧として考える限り、私たちのライフあるいはライフデザインが、建築のライフを翻弄していると言った方が事実に近いだろう。しかし、こうした関係をいくら精査しても、営繕の可能性には繋がらない。私たちが、無理に結びつけている部分にいくら注目しても、その不条理さが露わになるばかりで、可能性は広がらないからだ。私たちが、いかに即物的な存在としての建築を、私たちの都合で翻弄しているかを確認したうえで、それとは異なった視点から、建築を考える必要がある。少なくとも、その様な手続きを踏まない限り、現代建築の営繕の可能性は見えてこない。

第3章 量を担った技術を考える

Fig.20　上：東洋大学旧教養課程研究棟③
下：東洋大学人間環境デザイン学科実験工房棟③

さて、人間のライフデザインが、いかに建築を翻弄しているかを認識したうえで、本章では、少し即物的、あるいは技術論的な視点から考えたい。現代建築を即物的に支えている主要な技術と言えば、工業技術である。そこで、ここでは建築の工業化という視点から、現代建築のありようと、その営繕の可能性について考えてみたい。

定常化社会

人口の増加や経済成長を前提にできない社会を、定常状態にある社会との認識に立って、今、かりに定常化社会と呼ぶことにしよう。東日本大震災以来、私たちは定常状態という前提がいかに脆弱なものかを目の当たりにしている。しかし、災害とは、もともとその社会の都合とは関係なく襲ってくる。国家予算の赤字に苦しんでいようと、希有な高齢化社会であろうと、エネルギー問題を抱えていようと襲ってくるものである。それが災害である。定常化社会も例外ではない。これは自明である、しかし、二〇一一年三月一一日より以前から、こうした前提で定常化社会を見据えていたかと言われれば、決してそうではなかった様に思う。では、非成長社会における建築のありようについて考えることが無意味になったかと言えば、決してそうではない。論点自体の有効性が失われた訳ではないからだ。

あらためて確認しておくが、ここで、私が考えようとしているのは、高齢化と少子化が進む非成長社会がその状態で存続する場合、即物的な意味での建築ストックはその変化が見えないか暫減することになるが、その時、どの様な状況や可能性が建築に対して想定されるかという問題である。もちろん、この問題設定は、現状とはいささか乖離した内容である。現状は、人口が減り始めているにもかかわらず、住宅の生産が続き、空き家率が増え続けているからだ。しかし、本書では、それを含めて定常化社会の問題、少なくともその入り口において想定されるべき問題と捉え、定常化社会とは、営造よりも修繕が、すなわち建設よりも営繕が中心になる時代であり、その主要な対象は、今、私たちを取り巻く建築の営繕、すなわち修繕ということになると申し上げて先に進みたい。

想定外という事態

成長社会から定常化社会への転換が、きわめて大きな価値観の転換を伴うであろうことは、誰もが薄々予感し、覚悟している事柄である。営造と修繕の近代化された姿を建設と営繕と呼ぶとすれば、後者の組み合わせもまた、近代化というきわめて不可逆性の高い転換の過程で、強い対立性を持つ概念になってしまっているからである。建設から営繕への転換は、大きな摩擦を伴う転換で、定常化社会とは、決して成長の果てに予定調和的に訪れる安定した社会ではない。

非成長社会の前は、いわゆるバブル経済まで含めれば、実に半世紀近くに及ぶ成長社会であった。しかもその前半は、驚異的な高度成長の時代で、私たちを取り囲む建築ストックのほとんどは、この時代とバブル経済の折に供給された。そこで、まずは、これらの建築ストックがどの様なものであるかを考えることから始めたい。戦後の高度成長社会は、第二次世界大戦によって灰燼に帰した国土から始まった訳だが、戦時体制から戦後社会へという転換もまた大きな摩擦を伴うものであった。この転換については、すでに、多くの言説があるが、ここでは、特に建築界の葛藤の一例として、建築史家山口廣の次の様な証言を取りあげておきたい。

僕は神代先生から伺ったのですけれども、戦争中、妙な形で戦争協力していた東大の先生が戦後になって軍服を脱いだら、いきなり教室の黒板に「デモクラシー」と書いて、「君たち、これからはこれでいかなければ駄目だよ」と一言おっしゃったので、びっくり仰天してあきれ果てたそうです。[▼1]

この証言は、もちろん、工学部建築学科での話である。多くの方は先生の態度には問題があると考えるに違いない。私もそう思う。この証言は、建築学という表現を含むとはいえ工学部に身をおく分野の問題を、この様な視点から一括的に議論することができるかという問題を含んではいるが、同時に、技術分野においてなお、戦後への転換がいかに大きな摩擦を伴ったかを示してもいる。ただ、私がここでこの証言を取りあげた理由は、そのことをあらためて確認するためではない。東日本震災でも繰り返し登場した「想定外」という言葉について考えるためである。「想定外」という言葉の背景には、何らかの「想定」の存在が示唆されている。たとえば「びっくり仰天」という表現の背景には、神代の側に、先生のそれまでの振る舞いが敗戦を想定していたとは思えないとの認識があった様に見えるからだ。しかし、事態はもう少し複雑であったに違いない。先生は、少なくともある時期以降、政府や軍の「想定」に疑問を持っていたと考える方が自然だからである。むしろ、敗戦は「想定」していたが、敗戦後を想像することができていなかったと言った方が事実に近いだろう。この点は、神代も同様であったに違いない。だからこそ「びっくり仰天」という言葉を用いて「やっぱり」という苦い思いを侮蔑に変えて表現したのではないだろうか。一方、先生にしてみれば、政府や軍の「想定」に疑問を持っていた一人として、神代には、先生の発言のぶれの方が胸に刺さった。敗戦を「想定」していた点と敗戦を迎えて混乱していた点で、両者は共通の思いを抱いているのだが、神代には先生が許せなかった。そうでなければ「あきれ果てた」とは言わないだろう。神代は当時、いまだ二〇代前半である。今、先生が具体的に誰を指すのか分からないが、相応の年齢であったことは間違いない。先生自身がどう考えていたにせよ、あなたはその「想定」の下で専門家として社会を啓蒙し私たちを指導してきたではないか、あなたには「想定外」の事態に対して責任があるはずだ、神代はそう考えている。そういう思いが「あきれ果てた」という言葉の背景にある。

話はそれるが、原発が増設されるたびに声高に展開された安全論に対して、それが発電設備という具体的な機械である以上、その安全性に絶対などありえないことは誰もが認識していたし、私自身そう思っていた。しかし、積極的に反対を表明した記憶はない。確かに原子力は遠い技術ではあったが、その私にとってさえ事故自体は必ずしも「想定外」ではなかった様に思う。その私が、事故直後に突然、教室の黒板に「自然エネルギー」と書いて「君たち、これからはこれでいかなければ駄目だよ」と学生に語れば、少なくとも学生から見る限り、それは、先の証言における先生とほとんど変わるまい。ならば、この問題に関する限り、私も先生同様、その後を想像する能力を欠いていたことになる。そうなれば、もはや、神代と同じ視線で先生を見ることはできないことになる。考えるべき問題は多い。しかし、今は、私が、敗戦直後の問題については神代に近い思いを抱きながら、東日本大震災直後には、明らかに先生に近い位置にいるとの見解を明らかにしたうえで先に進むことにしたい。

可能性としての工業化

戦後社会は、建築に限らず工業化と切っても切れない関係にある。たとえば、サラリーマン家庭のあこがれであった三種の神器は新旧いずれもすべて工業製品であった。工業化を無視して戦後を語ることはできない。建築も同様であった。工業化住宅に限らず、あらゆる建物にとって、工業化部品は欠くことのできないビルディングエレメントとなったからである。しかし、この様な状況が一般化するのは、高度成長期後半以後のことで戦後ただちにではなかった。

敗戦直後、荒廃した国土を前にした建築家や研究者にとって最大の社会的要請は、住宅の供給それも大量供給だった。この時、彼らが夢見たのが工業化住宅であった。灰燼に帰した都市の再建にとって、住宅の工業化は必須であると考えられた。今日、商品化住宅として広く知られる一般的な住宅の源となった、いわゆるプレファブ住宅である。今あらためて、その概要を簡便に記すとすれば次の様な説明になる。

住宅部品を構造部材から間仕切りに至るまで標準化し乾式化する。乾式構法というのは、建築部品をあらかじめ別の場所で調達あるいは生産し、現場では、ただひたすら組み立てるという構法の総称である。これに対して左官やコンクリートの様に現場で練ったり固めたりする構法は、湿式構法と呼ばれる。新しい乾式構法では、建築部品はすべて工場で生産する。工場なら高品質で精度の高い建築部品を大量に生産できる。大量生産が実現すれば価格破壊は必然である。そうなれば、あらゆる建築部品を誰もがただちに廉価に確保することができる。現場では、これらの部品をひたすら組み立てる訳であるから、従来の湿式構法の様に熟練工に頼らなくても建設できる。結果として、高品質な住宅を安く大量に供給し住宅不足の解消に寄与することができる。

確かに説得力のあるビジョンである。ならばと、私たち建築家は競ってその試作に情熱を燃やし、人々への啓蒙に力を注いだ。そこでは判で押した様に、木造パネルや、合板、あるいは石膏板が採用され、コンクリートのPC化が提案され、金属パネルの可能性が論じられた。しかし、どんなに優れた技術でも、どれほど可能性を感じさせる目標でも、新しい技術である以上、実現には相応の懐妊期間が必要である。国土も生産設備も灰燼に帰した戦後の日本では、なおさらであった。工場も材料も燃料もほとんどない状態である。一方、不足している住宅戸数は膨大で、建築家や研究者がいくら努力しても、乾式構法がただちに現実的な供給手法となりうる状況にはなかった。事実、工業化住宅が、先のビジョンの様な現実となるのは、すなわち、工業化住宅が量を担うまでに量産されるに至るのは一九七〇年代に入ってからで、戦後の住宅着工戸数が日本の総世帯数を上回った後のことである。住宅の工業化が現実化した時には、量に関する限り需要は満たされていた。それが、実態であった。もちろん、単に量的な充足であって質的にはいろいろな問題を抱えていた。公団住宅に対する遠くて狭いという苦情はその典型であった。工業化住宅が商品化住宅という名称で市場を拡大していった背景には、こうした「ずれ」があった。では、その間、実際に量を担ったのはどの様な建築技術だったのだろうか。

量を担った技術を考える

戦後の高度成長期、実際に量を担ったのは、潤沢な熟練工に支えられた在来木造と現場打ち鉄筋コンクリート造であった。在来木造とは、近世までの木構造、今日、伝統構法と呼ばれる木造技術が、明治以降、徐々に近代化したごくごく一般的な日本の木造技術の総称で、直接的には、2×4構法の流入を契機としてそれとの差別化のために用いられる様になった術語である。一方、鉄筋コンクリート造とは、関東大震災を契機として、急速に注目される様になった耐火耐震構法である。特に、耐火性と耐震性を併せ持つこの構造への期待はきわめて大きかった。

両者とも近代の洗礼を受けた技術ではあるが、工場よりは現場に力点をおき、乾式構法よりは湿式構法に、単純労働よりは熟練労働に依存する傾向の強い建築技術であった。では、両者が相互に自立した確固たる技術であったかと言えば決してそうではなかった。都市防火の観点から、特に都市の中心部においては在来木造から鉄筋コンクリート造への転換が進みつつあったし、一九七〇年代に量を担うまでに成長する工業化技術が、その前段階の成果として量産化した建築部品あるいは材料が、急速に両者の中に浸透していったからである。組織転換も着実に進みつつあった。潤沢に存在した町場の大工組織や職人町は近代的な建設組織である工務店へと改編されつつあったし、その過程で立ち行かなくなった旧来の大工組織の中には、加工場を手放して型枠大工へと転換していった人々も少なくなかった。左官組織も次第にコテを手放し、下地処理やクロスを扱う職種へと転換していった。工期も徐々に短縮され、価格破壊も始まり、建築生産の近代化は確実に進んでいった。近代化である以上この転換はしばしば不可逆的であった。これを近代化の成果と捉えるか、伝統技術の崩壊と考えるかは意見の分かれるところだが、礼儀正しく、工学的には成果であり歴史的には崩壊であったと申し上げる以外にない。工業化を啓蒙する側は、伝統構法は民芸の様になるべきものと考える人が多かったし、それと対峙する側は、職人組織の崩壊に危機感を募らせていた。したがって、その担い手にとっても、常に明るい希望の持てる転換であった訳ではないし、苦渋の決断であった場合も少なくなかった。

そして、先にも述べた様に一九七〇年代に入ると、住宅の量的充足を背景に、均質な量産型から需要側の好みやライフスタイルに合わせることのできる多品種少量生産型へと転換した工業化住宅が、今日言われるところの商品化住宅という新しい名前で、ようやく市場に明確なシェアを確保するまでに成長してくる。量的充足が一応達成されている以上、客観的には、在来構法よりも工業化住宅を、伝統的な大工組織や工務店よりも住宅メーカーを評価すべき客観的根拠は、もはや見出しがたい時代に入っていた。住宅は商品であるという発想は、それを象徴する転換でもあった。

一方、その様な認識を糧に、新しい世代の建築家を中心に、工業化部品の相対化や伝統的な生産組織の再評価を通して新しい可能性を探る動きが顕在化し、工業化を啓蒙してきた側からも、その性急な市場拡大を問題視する専門家が現れる様になった。また、共に住環境の向上を目指しているとはいえ、何事につけても開放性を要求する研究者と、閉鎖性を武器に市場での生き残りを目指す企業経営者との隔たりも確実に拡大していった。こうした推移の中で、研究者の脱工業化あるいは木造志向が進み始めるのだが、この流れは、オイルショックを契機に顕在化し、建築技術分野の主要な研究テーマが、工業化から在来木造へ、さらには伝統構法の再評価へと急速に転換していくことになる。この転換の背景には、弱体化しつつある在来木造の競争力強化という社会的要請もあったのだが、矛盾も多かった。たとえば、生涯を「まちづくり」に捧げた研究者、内田雄造は、その晩年に「こんなことが許されるのかと僕は思った」と私に語っている。彼の憤りは、近代化はその担い手にとってほとんど選択の余地のない不可逆的な転換であったにもかかわらず、それを啓蒙あるいは指導した側には、可逆的な転換として相対化することが許されるのはおかしいという正義感から発せられたものであった。背景には、本来なら、工業化の過程で、在来木造の側に留まった人々が、あるいはそれを擁護してきた側が、工業化の行き過ぎを批判し自らその失地を回復するというのが戦後社会のあるべき姿のはずだとの強い思いがあった。私もそう思う。しかし、少なくとも私には、当時、彼らの側に事態を変える力があったとは思えなかった。むしろ、工業化を推し進めた側が転換したのだから、今度こそ実質的な変化が期待できると歓迎する向きが多かった様に思う。先の先生の話を援用するならば、戦後三〇年を経てなお、主導権を握っていたのは先生であったということになる。これを伝統的なる日本のありようとして評価するか、いまだ近代化が充分ではない後進国の姿として批判するかは議論の分かれるところだが、近代化という流れの不可逆性を考えると、やはり功罪両面を指摘すべきだろう。内田が指摘している通りこの転換には、明らかにモラルハザードが存在するからだ。この問題は今も解決していない。今日の木造再評価の背景には、こうした複雑な経緯がある。

今、私たちが定常化社会の入り口にあるとの認識に立った場合、その私たちを取り巻く建築ストックの多くは、以上の様な建築技術と価値観の転換過程でできあがったものであり、今後の建築を考えるうえで、工業化の問題は避けて通れない最大の難題である。二〇世紀を通して工業化の問題を考え続けたバックミンスター・フラーは、その著書の中で「あらゆる工業製品は短命化する」と繰り返し述べている。建築が、構法上の相違を超えて、それを構成する建築部品の大半が工業化部品であるという時代においては、工業製品としての性質を色濃く反映せざるをえない。ならば、建築も「あらゆる工業製品は短命化する」という流れから逃れがたいことになる。フラーの言う通りなら、今、私たちが持っている建築ストックはきわめて複雑な重合体であるだけでなく、短命化の過程にあるということになる。ならば、定常化社会における建築とは、この様な建築ストックの延命努力と無縁ではありえない。確かに、パソコンや携帯電話を見る限り短命化は確実に進んでいるとの印象であるし、環境対応型への買い替え奨励政策などを見ていると、行政の側もこの流れを促進しているかにも見える。実際、住宅の寿命は一時期二〇年台にまで短縮されてしまった様に見えた時期もあった。平均寿命八〇歳なら三回は買い替え需要が発生する計算になるという話を聞いたこともあった。もちろん、短すぎるという意味であったと記憶するが、工業化社会が買い替え需要を常に見込んで生産設備を維持している事実は誰もが知るところであり、同時に、私たちの多くは、その生産設備の恩恵の中で所得を得ている。バブル時代とは、買い替え需要を糧とする豊かさでもあった。では、定常化社会を前提とする私たちは、きわめて複雑な重合体として存在する現代建築と、どの様に向き合っていけばよいのだろうか。

「強さ」と「長さ」

一般に、建築技術として耐久性と向き合っている最終的な部位は、やはり構造体である。もちろん、設備の更新や防水の劣化、内外装の陳腐化など、建築の建て替え理由は様々であるが、建築技術という視点から考える限り鍵を握っているのは構造体で、構造体さえ維持できていれば、他はなんとかなるものである。その構造体の最大の劣化要因が地震である。東日本大震災の場合には、津波であったかもしれないが、もしそうなら、それは、一義的には都市計画や土木の問題で、おおむね建築の問題ではなかったと私は考える。これは「想定外」であるという意味ではない。地域計画には相互信頼を前提とした分業が不可欠だと考えているからだ。むしろ、この問題については、信頼関係の再構築が必要になったと申し上げるべきだろう。逆に、構造偽装は、その様な信頼関係を建築の側が崩壊させた事件であった。

地震が最大の劣化要因であるということは、たとえば全国的な規模で統計をとると、建築の建て替え周期と地震の周期との間に関係があるという意味ではない。私が申し上げたいのは、建築の構造体が、耐震性に主眼をおいて設計されているという事実である。しかし、これはいささか分かりにくい議論である。というのは、耐震性とは、耐震性という言葉が用いられることからも明らかな様に力学的な「強さ」であって、耐久性という言葉が要請する時間的な「長さ」とは直接結びつかないからである。では、なぜ地震に対する「強さ」が耐久性という「長さ」を決める主要な要因となるのだろうか。

耐久性と耐震性は、本来、それぞれ独立した性能である。地震に対応する「強さ」が材料の品質と深く結びついた性能であるのに対して、耐久性に対応する「長さ」というのは使用する材料の量に依存する傾向の強い性能だからである。正確には、同じ材料での比較においては、構造材の体積が大きいほど、重量が重いほど耐久性能は高くなる、すなわち、耐久年数は長くなる。

しかし、現実の建物においては、両者は無関係ではない。一般的に耐震性と耐久性の間には、正の相関関係があるからである。しかし、ここは、少し丁寧な説明が必要である。地震のある地域では、地震こそが最大の劣化要因であるから、地震のない地域よりも、構造体をより強くする必要がある。この点に異論はなかろう。今、ここに最低限の耐震性を備えた木構造の設計図があるとしよう。この構造体の耐震性を、さらに向上させるために最も分かりやすい方法は、たとえば、より強度の高い材料に変更すればよいだろう。たとえば、鉄骨に変えれば相当丈夫になるに違いない。もちろん、それも大切な選択枝である。しかし、耐震強度を向上させるために構造材を変更するというのはあまり一般的な方法ではない。通常は、材料は今のままとして、代わりに各部材の断面積を大きくするという方法が採用される。この点については、鉄骨造や鉄筋コンクリート造でも同様である。少なくとも中低層建築においては、柱や梁や壁の断面積を大きくするというのは建物の構造体をより堅牢にするために最も一般的な、そしてきわめて有効な方法である。地震のない地域を訪れたことのある方なら、たとえば、同じ鉄筋コンクリート造の建物なのに柱や梁の寸法が日本に比べてずいぶん細いと感じたことがあるはずだ。この寸法差は、もちろん、「強さ」の証であるが、同時に、断面積が大きいということは、使われている構造材の体積が大きいあるいは重量が重いということであるから、結果として耐久性も向上している可能性が高い。震災に見舞われた場合でも、構造体が持ちこたえてくれれば補修や補強によって強度を回復できるし、それによって構造体全体の体積がさらに大きくなっていれば、耐久性も向上している可能性が高いことになる。ここで可能性という言葉を繰り返し用いたのは、強度が実験によって確かめることのできる性能であるのに対して、耐久性は、過去の事例やシミュレーションによって予測する性能であるという点に配慮したもので、不確実性を担保するための言い回しではあるが、信頼性が著しく低いという意味ではない。考え方としては、金属部品などが繰り返し荷重を受けて破断する、いわゆる疲労破壊を防ぐためにあらかじめ疲労しやすい箇所の厚みを増すことで耐久性を向上させるのと同じである。

こうした環境下にある以上、私自身は、フラーの予言が必ずしも建築にただちに当てはまるとは考えないが、最も悲観的な場合を想定し、彼の予測が正しいとしても、地震という強大でかつ不確定な劣化要因が存在することが、逆に耐久性の確保に積極的な働きをしていると考えるべきだろう。ならば、定常化社会における私たちの仕事とは、たとえ短命化しつつあるにせよ、国際的にはきわめて堅牢な軀体をいかにして疲労破壊から守っていくかであると言うことになる。決して悲観すべき状況ではない。先ほど、耐久性はシミュレーションによって予測するものであると申し上げたが、経験によって実証済みの構法というのも実は存在する。それが、それこそ法隆寺以来、実験を繰り返して来た伝統構法であり、それを母体とする在来木造である。こちらは、耐震性と防火性には問題が多かったものの、耐久性に関しては、実に長所も短所も詳らかな構法で、現代的な言い方をすれば、きわめて保全性の高い構法である。私自身は、伝統構法そのものが、今日、量を担えるとは考えないが、「営繕」という概念を体現した、実に示唆にとんだ技術である点に異論はない。ただし、現在私たちが直面している現代建築の営繕の問題は、伝統構法や在来木造の「営繕」における「修繕」ではなく、「建設」に対する「営繕」の問題で、示唆は得られても直接的な可能性として受けとめるのは難しい。

現代建築の営繕

さて、現代建築の営繕とは、現代建築をスクラップにして営繕を充分考慮した定常化社会にふさわしい建物に建て替えていこうという意味ではない。これから新たに建設する建物を定常化社会にとって好ましいストックとして計画することの重要性は認めるが、今は、敗戦直後の様なストックレスの状況ではない。この点については、一九八一年施行のいわゆる「新耐震設計法」への対応の多くが、必ずしも建て替えではなく耐震改修という補強によって行われており、今なお、多くの既存不適格建築物が残っている事実を思い出せば誰の目にも明らかだろう。定常化社会の前提は、今、私たちの前にある現代建築である。

近年の動向を見る限り、この点についてはおおむね合意形成ができつつあるとの印象であるが、一応、スケルトンインフィルという構法についても触れておきたい。これは、建築の構造体が他の多くの建築部品に比べて充分に長い事実を考慮して、構造体としてのスケルトンと内外装や設備などのインフィルを、構法的のみならずその所有権に至るまで明確に分離し、優れた耐久性を持つ構造体が、内外装や設備などの更新に巻き込まれることのない様にしようという考え方である。優れた考え方の様にも思われるが、私は、こうした問題を供給側が合理的に予測できるとは考えていないし、ただちに、その様な構法や施工法が量を担いうるだけの力を持つとも考えない。それは、高度成長期に量を担うべく構想された工業化住宅が、実際には期待された時期には量を担うまでに至らず、むしろ、在来木造や鉄筋コンクリート造が工業化部品を受けいれ消耗していく過程でその役割を担った事実と、工業化住宅が、量的充足が成立した後に、商品化住宅という形で急速に市場でのシェアを拡大し、在来構法を圧迫した経緯を確認すればそれ以上の説明は不要だろう。したがって、いささか残念ではあるが、少なくとも私には、新たな需要喚起あるいは広告以上の可能性は見出せない。定常化社会においては、供給側の提案とは、あくまで「私は」あるいは「私たちは」という限定的な前提で、「社会的要請」を背景にした普遍的なものではない。むしろ、営繕とは、工業化技術によって短命化の過程にある非構造部材と、耐震性能の確保という目的のために結果として耐久性を堅持している可能性の高い構造部材とが複雑に絡み合った現代建築をいかに維持していくかという問題であると考えた方が現実的ではないか、そう考えている。

再度強調しておきたいのは、地震という規模も時期も不明な劣化要因の存在が、結果として、現代建築をより耐久性の高いストックにしている可能性があり、定常化社会における建築の営繕は、この可能性を無視しては、成果を期待できないという点である。

ここで、もう一度、先の先生の話に戻りたい。先生は、戦前とはいえ、一応は個人主義の洗礼を受けた近代的な知識人であったはずだ。しかも工学は自然科学に支えられた実学である。その担い手である先生がこれだけ矛盾に満ちた振る舞いをした背景には、強い「社会的要請」があったはずである。この要請の下で、先生は「私」を放棄し「要請」に応える道を選んだと推察される。近世武家社会なら「滅私奉公」として評価されるべき行動なのだが、近代化の渦中においては、諸刃の剣であった。近代社会では「私」を放棄した者に、もはや謝罪能力はないからだ。教室の黒板に「デモクラシー」と書いて「君たち、これからはこれでいかなければ駄目だよ」と語った時、先生は、やはり「社会的要請」の下に、正確には、新しい「社会的要請」の下にあったと考えられる。若い神代には、それが許せなかった。ただし、すでに述べた様に、少なくとも工業化から木造再評価へという流れを見る限り、神代の様に考えた若者が、三〇年後においてなお、多数派になることはなかった様に見える。むしろ、多くの日本人は、先生の方に、正確には、先生の生き方を評価した様に見える。そうでなければ、たかが建築技術にまつわる問題とは言え、内田雄造が「こんなことが許されるのか」と憤りを感じるほどの転換が実現できたはずはない。では、今後も、転換とはこの様な形で行われるのだろうか。もしそうなら、場合によってはさらに大きなモラルハザードを伴うにせよ、スケルトンインフィルへの大転換も、伝統構法への大回帰も不可能ではないことになる。この問いに答えを見出すのは、今もなかなか難しい。「私たち」一人一人がどこまで「私」でいられるかという問題を含んでいるからである。

話は飛ぶが、二〇一一年四月一日、東日本震災の混乱の中で会見に臨んだ原子力安全委員会元委員長、松浦祥次郎が「原子力の利益は大きく、科学技術を結集すれば、地震や津波にも立ち向かえると考えて利用を進めてきたが考えの一部をたたきつぶされた（……）問題の解決法を突き詰めて考えられていなかったことを申し訳なく思う」［▼2］と謝罪したとの報があった。松浦元委員長に限らず原子力発電にかかわった多くの専門家は、原子力発電の危険性を充分認識していたはずである。その彼らが、それでも原子力に取り組んだ背景には、原子力の利益が大きいからだけではなく、やはり先生同様「社会的な要請」があったと考えるべきだろう。中には自己否定をも厭わず取り組んだ専門家もいたに違いない。松浦には、会見の場で、先生として、さらに一歩踏み込んで「原子力発電はやはり危険である」「これからは自然エネルギーでいかなければ」と述べてほしいとの期待もあったに違いない。元委員長が転換を示唆すれば、原子力発電からの脱却が実現するかもしれないと考える人も少なくなかったはずだ。しかし、記事は、彼がそうは言わなかったと伝えた。原発事故に関しては、終わりの始まりすら見えない状況での会見であったが、私には、もはや、先生の時代は終わったのだという宣言の様に思われてならなかった。換言すれば、原子力の今後を決めるのは、先生ではなく、所有者たる一般国民であるという宣言であったということになる。

第4章 日本のモダニズム

Fig.21　上：東洋大学旧教養課程研究棟 ④
下：東洋大学人間環境デザイン学科実験工房棟 ④

私たちが営繕の対象とする現代建築の背景にあるのは、モダニズムという建築思潮であり、インターナショナルスタイルに象徴される国際様式である。モダニズムが国境を越える力を持った国際的な建築運動である点に異論はないが、同時に、たとえば、英語が異なる母語や文化の影響を受け、多様なインターナショナルイングリッシュが存在する様に、モダニズムも、それぞれの国や地域、環境や伝統の相違を背景に多様化したと考える方が自然である。

本章では、既存建築を支える最も支配的な建築思潮であるモダニズムを背景に、可能性としての近代建築が、正確には「日本のモダニズム」建築が、戦後日本の先進的な建築となり、高度成長期という量的拡大の時代を経て、現代日本の都市と郊外を席巻し、磯田光一が「日本人が三十年以上かかって実現してしまったことは、「東京の地方化」と「地方の東京化」の二つだけではなかったろうか」[▼1]と書いた、今、私たちの目の前にある風景の背景を、「営繕論」という私の視点から概観しておきたい。

アメリカの歴史家ジョン・ダワーは『敗北を抱きしめて』の冒頭部分で、次の様に書いている。

日本と連合国との間の戦争は三年と八ヶ月つづいた。それに対して、敗戦国にたいする軍事占領は一九四五年八月にはじまり、六年八ヶ月後の一九五二年四月に終わっている。占領は戦争のほぼ二倍の期間に渡ったのである。[▼2]

この戦争を歴史として学んだ日本の私には、八月一五日に敗戦を迎えた戦争の開始は、連合国との戦争の遙か以前との認識があり、したがって、占領期間をこの様な比較で捉えた記憶がなかったことを思いつつ、しかし、同時に、戦後が一九四五年八月に始まったとの歴史観は変わらなかったことを覚えている。私は、こうした歴史観を、敗戦に至るまでの狂気、敗戦という絶望と終戦による解放、そして占領下ゆえの拘束とサンフランシスコ平和条約の発効による主権の回復という、実に目まぐるしく複雑に交錯する経緯を糧として生まれた教育の成果と受けとめている。したがって、ここに取りあげる、山本学治が一九五〇年一二月に発表した「凧の糸」(宮内嘉久による)は、正確には占領下で発表された論考ということになるのだが、戦後との認識で引用したい。その中で山本は次の様に書いている。

凧を飛翔させるのも糸であり、凧の飛翔を阻むのも糸である。(……)

現在の日本の建築は、その糸を断ち切ろうとうずうずしている。この糸を断ち切らねば高い自由な飛翔ができないと、自分らを台地に結ぶ糸をうらめしく見つめて身悶えする。私らはより高く、一番高く、飛翔する凧にあこがれながら、電線にぶらさがる自由を求めている。（……）モダニズムへの郷愁――すでにつくられた新しさへのあこがれという矛盾に満ちた精神――はいつまで私らの偽りの前進をつづけさせるのであろうか。（……）新しい私らの建築の発展のために必要なことは、自身の精神に対する信頼ではなく、もっと大きい私ら自身――この国の社会生活の中に、この国の技術によって、明日を建設しようとする人間群――に対する心からの愛情である。（……）自身を大地に結んではなさない凧の糸こそ私らの設計（デザイン）の出発点である。［▼3］

Fig.22　『現代建築論』表紙

山本が、ここで糸に託した思いはあまりにも深くかつ広い。その全容を明らかにするには、ここにその全文を引用しても困難なのではないかとの印象だが、この糸を断ち切ろうとする側に「モダニズム」を、山本の言葉をそのまま用いれば「モダニズムへの郷愁」を見定めている点に異論はなかろう。さらにそれを「すでにつくられた新しさへのあこがれという矛盾に満ちた精神」と記しているから、それが「日本のモダニズム」である点にも疑いの余地はない。

この作品は、その後一九六八年刊行の『現代建築論』冒頭に再録されるのだが、その解説で宮内嘉久は「古くてかつ新しい問題である。それがきわめて新鮮に映るのは著者の一貫した視点のみごとさによると同時に、われわれをかこむ歴史の現実が、くりかえしそのような視点を要請するからにほかならない」[▼4]と述べているから、少なくとも一九五〇年代初頭から六〇年代末まで、ある広がりをもって共有されていた認識と考えてよいだろう。

一方、槇文彦は、「漂うモダニズム」という論考の中で、当時のモダニズムについて、次の様に書いている。

> ひと言で言うならば五〇年前のモダニズムは、誰もが乗っている大きな船であった。そして現在のモダニズムはもはや船ではない。大海原なのだ。もちろん、五〇年前でも船の行き先は分からなかったが、少なくとも、船の後尾の白い航跡だけは確かなものだった。(……)半世紀前、ル・コルビュジエ、ミース、アアルト、あるいはライトという数人のマスターを、しかもその四人の建築家はまったく異なった思想とスタイルを持った建築家であったのにかかわらず、われわれは同じひとつの船の偉大な乗客として歓迎してきた。それはなぜだろうか。モダニズムはもともとひとつの根っ子からうまれたものではないからだ。[▼5]

これを「アメリカのモダニズム」と呼ぶ向きもあろうかとは思うが、槇の論考の趣旨から考えて「モダニズム」としたい。当然のことながら、山本が言うところの「日本のモダニズム」よりも大きな広がりを持った「モダニズム」であるが、共に一九五〇年代から一九六〇年代の「モダニズム」を指している。

なお、槇が、

国民建築は国家と共に誕生したのであろうか。国民意識の高揚、反映としての建築は、僅かな例を除いては誕生しなかったと言える。しかし、一九世紀の国語としての日本語の確立は日本人の意識構造――それが意識的であれ、無意識的であれ、重要な発見を別なかたちで建築にもたらしたのである。（……）

西洋の古典建築が基本的には理性的であるとするならば、装飾はそれを補完しようとする感性の産物である。しかし日本の古代からの住宅建築に装飾がないのは既に基本構造そのものが理性と感性の所産であったからだと理解することができる。換言すれば、この理性と感性のバランスの世界が、多くの日本のモダニズムの建築をつくってきたと言えるのではないだろうか。［▼6］

との認識を示したうえで、それを受ける形で、次章冒頭で「私は国語に相当する国民建築は誕生しなかったと言った」[▼7]と断定している点にも、あらかじめ言及しておきたい。先の文章の「重要な発見を別なかたちで建築にもたらした」との文面から考えて、全体としての流れは、日本も「誕生しなかった」側の国と地域に含まれているとの印象だが、後段の「日本のモダニズムの建築」との表現を、「モダニズムの建築」との差別化として読めば、槇自身のうちに、日本に対して、その様に断定してしまうことへの躊躇があるかにも見えるからである。

ところで、二人の論考は共に空間論で技術論ではない。一方、「量を担った技術」あるいは「営繕」にかかわる議論は、おおむね技術論で空間論ではない。技術論の側にいる私としては、いささか空間論に踏み込みすぎたとの印象がある。そこで、さらに踏み込む前に、技術論の立場から次の一文を加えて、私の視界と、そこから見える二人の姿を、確認しておきたい。

一九六九年に刊行されたバックミンスター・フラーの『宇宙船地球号操縦マニュアル』である。本書を加える理由は、フラーが自らを「技術者」と呼んでいること、そして、当時、彼が先進国アメリカの「技術者」であったこと、さらに「宇宙船地球号」が「大きな船」のイメージを、それを操るための「操縦マニュアル」が「糸」を彷彿とさせるからである。同書の中で彼は、次の様に書いている。

宇宙船地球号をいかに操縦し維持するかということについて、また、その複雑な生命維持や再生のシステムについて、取扱説明書がなかったことも、デザインされてのことなのだ。

そのために私たちは、自分たちのもっとも大切な未来に向けての能力を、過去をふり返りながら発見していかねばならなくなった。〔▼8〕

「宇宙船地球号」に「操縦マニュアル」は存在しないとの見解である。ならば、技術論的には「凧」には「糸」がなく、大きな「船」には「海図」がなかったことになるから、場合によっては「凧」は凧たりえず、「船」は船たりえていなかった可能性があることになる。

海の魚と河の魚

私たちは、山本が日本の戦後建築の飛翔の糧として「糸」の存在を意識しつつ「日本のモダニズム」がその「糸を断ち切ろうとうずうずしている」と考えていたのに対して、槇が同じ時代の「モダニズム」に大きな「船」との印象を持ち、その「船」に自ら乗り込んでいたと考えていた事実をどの様に整理しうるだろうか。「凧」を飛翔させる「糸」も、大きな「船」も、共に信頼すべき何ものかの存在を示唆しているが、二人とも、最後まで、それが何で、なぜ信頼できるのかについては語っていない。一方、フラーは、技術論の立場から、信頼すべき何ものも存在しないと言っている。ならば、何ものかは、技術論的には存在しなかったが、空間論的には存在したということになる。

私は、空間論と技術論は相互に深く関連しながら私たちの建築観を構成していると考えるが、すでに述べた通り、私の視野は限られている。そこで、ここでは次の二つの問題に絞って考えたい。まず第一に、山本の考える「日本のモダニズム」と、槇の考える「モダニズム」の間には齟齬があるのではないかという疑問である。そして第二に、ならば、二人が共に「糸」あるいは「船」と呼んでいるところのものは、実は同じものなのではないかという可能性である。山本は、「モダニズムへの郷愁」という表現を用いて「日本のモダニズム」がいささか特殊な様相を帯びていることに言及しつつ、それを問題視している訳だが、私が「日本のモダニズム」という言葉で、必ず思い出すのは高村光太郎である。正確には吉本隆明の『高村光太郎』における高村光太郎なのだが、その点を含めて、まずは『緑色の太陽』の中で高村が書いている次の様な主張から取りあげたい。

僕は生れて日本人である。魚《さかな》が水を出て生活できない如《ごと》く、自分では黙っていても、僕のいる所には日本人がいる事になるのである。と同時に、魚が水に濡れているのを意識していない如く、僕は日本人だという事を自分で意識していない時がある。時があるどころではない。意識しない時の方が多い位である。(……)

僕の製作時の心理状態は、従って、一箇の人間があるのみである。日本などという考は更に無い。自分の思うまま、見たまま、感じたままを構わず行《や》るばかりである。後《のち》に見てその作品がいわゆる日本的であるかも知れない。ないかも知れない。あっても、なくても、僕という作家にとつては些少《さしよう》の差支《さしつかえ》もない事なのである。（……）どんな気儘《きまま》をしても、僕らが死ねば、跡に日本人でなければ出来ぬ作品しか残りはしないのである。［▼9］

『高村光太郎全集』（筑摩書房）の編纂に携わった北川太一は、岩波文庫版『緑色の太陽』の解説で「光太郎はここで芸術界の絶対の自由を宣言し、芸術家の人格に無限の価値を与える」［▼10］と述べている。制作に没頭している時には「一箇の人間があるのみである。日本などという考は更に無い」との言説は、確かに清々しいまでに自立した表現者のそれである。この書を読んだ時期を、今、正確に思い出せないが、強い衝撃と共に新鮮な印象を受けつつ読んだ記憶がある。

これに対して吉本隆明は、先に言及した『高村光太郎』の「『道程』前期」の中で、

わき見出しに、「巴里より」とかかれた高村の「出さずにしまった手紙の一束」が発表されたのは、明治四十三年七月の『スバル』である。欧米留学からかえって、ちょうど一年、幸徳が検挙されてから一ヶ月後にあたっている。［▼11］

との一文の後、しばらくあって「出さずにしまった手紙の一束」の次の一節に注目する。

独りだ。独りだ。僕は何の為に巴里に居るのだらう。（……）僕の身の周囲には金網が張つて在る。どんな談笑の中団欒の中に行つても此の金網が邪魔をする。海の魚は河に入る可からず、河の魚は海に入る可からず。駄目だ。早く帰つて心と心とをしやりしやりと擦り合せたい。

寂しいよ。［▼12］

そして、高村の『緑色の太陽』を「わたくしはこの画論を文明批評としてみたい」［▼13］と述べたうえで、

この「緑色の太陽」の主張は「出さずにしまった手紙の一束」と幾分ニュアンスがちがわないだろうか。これは日本的モデルニスムスの主張ではないか。わたしはあきらかにニュアンスが違うとおもう。このちがいは「絶対の自由」という絵画創造上の高村の主張と色彩が、ホモ・サピエンスとしての生理的機能に依存する世界共通性である、という固有の質の問題によってうらづけられている。そういう点を考慮に入れたうえで、なお高村の内奥の課題から、ニュアンスがちがうのではないか、とおもう。その理由は「緑色の太陽」がスネ齧り理論にすぎない点にある。「出さずにしまった手紙の一束」では、海の魚は河に入る可からず、

河の魚は海に入る可からず、となっていた世界共通性の眼と、了解不可能性の眼とのはげしい断絶が、「緑色の太陽」では、魚は水を出て生活は出来ないが、魚は水に濡れているのを意識しない、というような了解不可能性の眼を、無意識化する主張にかわっている。〔▼14〕

との見解を示している。

「戦後、絶望と虚脱のなかで、自己と現実との関係を回復しなければ生きてゆくことは出来ないと思い」〔▼15〕高村が自分に与えた影響の意味を再検討するに至った吉本ゆえの、実に真摯なそして見事な批判である。同時に、その批判の矛先が誰に向けられているかを越えて、少なくとも私の様に、この大戦を歴史として学ばざるをえなかった人間には、繰り返し噛みしめるべき一文でもある。確かに「海の魚は河に入る可からず、河の魚は海に入る可からず」との認識と、魚は「水を出て生活できない」が「水に濡れているのを意識していない」との認識の間には埋めがたい溝がある。吉本がこの二つの表現を探し出し、高村光太郎ですら「日本的モデルニスムスの主張」においては「スネ齧り理論」しか提示できていなかったとの見解を明らかにするに至る苦悩は、今日においてなお計りえないが、その強靭な批判力の背景には、もちろん、戦時下での高村光太郎の急激なる日本回帰と、それに翻弄された軍国少年としての吉本自身の現実がある。

北川太一は、講談社文芸文庫版『高村光太郎』の解説を、戦後の光太郎論の方向を定めたと言っていい、隆明さんの本に比べられる「光太郎論」はまだない。この本が沢山の新しい読者を得て、造形論も組入れたさらに新しい幾つもの「光太郎論」を呼び覚ませばいいと、ひそかに思う。［▼16］

と結んでいる。

ここに言うところの「造形論」とは、おそらく彫刻を念頭においたものと推察されるが、私たち建築家の言説も、少なくとも「空間論」は「造形論」の一翼を担っていると考えるべきであるし、建築は「モダニズム」の主要な担い手でもあった。しかし、私たちの「空間論」が、ここまで厳格な議論に耐えられるかと言われれば、それは難しいというのが私の率直な印象である。だが、山本学治の「凧の糸」と槇文彦の「漂うモダニズム」に接し、「糸」と「船」について思いをめぐらせるうちに、二人の論考を糧に、今までとは少し異なった視点から、この問題を検討することができるのではないか、そう考える様になった。すなわち、「量を担った技術」あるいは「営繕」を視野に建築を考えている私から、視界はきわめて限られてはいるが、二人の姿が見えている。ならば、この視線には力があるのではないか、そう考えた次第である。

戦前の「日本のモダニズム」が「スネ齧り理論」にすぎなかったのなら、戦後の「日本のモダニズム」は果たして「自立した理論」に転換したのだろうか。もしそうなら、たとえば、山本の「モダニズムへの郷愁」あるいはそれに続く「すでにつくられた新しさへのあこがれという矛盾に満ちた精神」との見解をどの様に読み解けばよいのだろうか。あるいは、槇の「理性と感性のバランスの世界が、多くの日本のモダニズムの建築をつくってきた」との主張をどの様に理解すればよいのだろうか。そして山本と槇は「糸」と「船」という比喩で、私たちに何を伝えようとしていたのだろうか。

スネ齧り理論

「スネ齧り理論」との見解は、ある特殊な出自と希有な才能とを併せ持ち、なお、戦前・戦中・戦後を生きた高村光太郎という芸術家に対する批判に留まるものではない。吉本の批判は「世界共通性」の側に大きく傾斜した「日本のモダニズム」が、気がつくと「日本の固有性」に変質し、最終的に一度崩壊した経験を踏まえている。「スネ齧り」という表現の背景には「世界共通性の眼と、了解不可能性の眼とのはげしい断絶」に耐えられなかった近代日本の脆弱な精神を糧とした戦前の「日本のモダニズム」に対する憤りと、思春期の吉本が、高村の詩を通して、それに翻弄された経験がある。

一方、「糸」と「船」という比喩を糧に私が考えているのは、戦後の「日本のモダニズム」の今の表情である。「スネ齧り理論」であったにせよ「日本のモダニズム」の根幹には、今も高村が主張した「日本などという考は更に無い。自分の思うまま、見たまま、感じたままを構わず行《や》るばかりである」という精神が幅広く存在する。ならば、今日の「世界共通性の眼」は、「スネ齧り理論」を克服していると考えてよいのだろうか。私はそれを解く糸口を、山本の「日本のモダニズム」と槇の「モダニズム」の違いの中に、山本の「糸」と槇の「船」の共通性の中に見出そうとしている。

もちろん、「歴史の教訓」を待つまでもなく、後進国にとって先進国は、時として反面教師であったにせよ「糸」や「船」と考えるに充分な経験と知識の宝庫であった事実に異論はない。少なくとも、その様なイメージを喚起するに充分な前例としてあるいは経験者として存在した。その様に考えれば、フラーが指摘した「マニュアル」の不在は「宇宙船地球号」といういわばグローバリズムの極致における真実ではあるが、必ずしも後進国の現実ではなかったと結論づけることもできるかに見える。しかし、それでは、短期的な成功例しか説明できないし、その様な結論からでは、たとえば山本の「モダニズムへの郷愁」や、槇の「理性と感性のバランスの世界」という表現を読み解くことはできないだろう。

今から半世紀前、山本学治は日本の内側から、建築を批評する立場から、槇文彦は日本の外側から、建築を設計する立場から、間違いなく敗戦を記憶に留めつつ、「日本のモダニズム」あるいは「モダニズム」と向き合っていたはずである。

最後まで明らかにされないにせよ、山本の「糸」も槇の「船」も共に信頼すべき存在として示されている。これは二人の意志である。この点を確認したうえで、吉本の批判を思い起こしながら、二人の言説を読みなおすと、一つ重要な論点が浮かび上がる。それは、二人が共に、高村が『緑色の太陽』では触れなかった「スネ」の問題に言及しながら「モダニズム」について語っているという事実である。「糸」と「船」に言及しつつ「モダニズム」を論じるという姿勢の背景には、明らかに高村の『緑色の太陽』よりも深い自己認識がある。

誤解を恐れずに申し上げれば、二人は事実上、戦後「日本のモダニズム」あるいは「モダニズム」が、正確にはそれに対する私たちのありようが、「スネ齧り」体質をいまだに抜け出せずにいるとの認識を、「糸」と「船」という比喩を用いて明らかにしつつ、山本は「日本のモダニズム」を、槇は「モダニズム」を論じている。この点では、二人の見解は吉本に近い。

山本の比喩の意図は、私たちは「糸」に守られつつ、同時に「拘束」されているというところにある。いやむしろ、私たちは拘束されるべき存在であり、私たちを解き放ってはならないと訴えている。山本は、戦後に至ってなお、本来の意味での自立を果たすに必要な何ものかが、私たちには不足していると考えている。槇は、より広がりのある「モダニズム」の中にあって、それを自立した多様な出自の建築家が集う大きな「船」に喩え、そこでは建築家同士が互いに「連帯」していたと考えている。「糸」も「船」も決して否定的な意味では用いられていない。この点では、逆に吉本の「スネ」という表現との間に大きな隔たりがある。

おそらくは、山本にも槇にも、私たちには何ものかが欠けているとの認識があるのだが、その事実を私たちに直裁に語ることを彼らなりの配慮から躊躇している。その躊躇が、戦後をいまだ可能性として捉えうる時代の空気と相俟って、「糸」と「船」という表現となってそこにある。その交錯した思いが、彼らの言説を実に印象的で豊かなものにしているにもかかわらず、その躊躇ゆえに豊かさがそのまま放り出されている。もちろん、背景には敗戦を経験したうえで戦後を生きる日本人としての倫理観があるに違いないのだが、その点については書かれていない。あるいは、本来の意味での「モダニズム」は真に自立した個人あるいはその集合体としての民主国家にこそふさわしく、戦後日本や私たちにはそぐわないとの共通認識が山本にも槇にも存在し、その非自立的な側面を、山本は「糸」に、槇は「船」に託していると推察されるのだが、それは強く示唆されてはいるものの、直接読み取ることはできない構造になっている。山本が「すでにつくられた新しさへのあこがれという矛盾に満ちた精神」と書き、槇が「国語に相当する国民建築は誕生しなかった」と断言しつつ「理性と感性のバランスの世界が、多くの日本のモダニズムの建築をつくってきた」と語る背景に、吉本が言うところの「了解不可能性」に対する、建築に携わる者としての認識が、吉本ほど明確ではないまでも、ある真剣さをもって存在しているはずなのだが、それを直接読み取ることができない。

逆に、自国の「河」のありようが「海」に通じていると自信をもって主張できた国は、戦後世界においてなお、数えるほどしか存在しなかったし、多くの国や地域は「河」から「海」を語ることに懸念を抱きつつ「拘束」と「連帯」の重みに耐えてきた。そして、それこそが多くの国や地域が共有する苦悩であったはずだ。むしろ、大切な共有財産であった可能性すら否定できないのだが、その中にあってなお、「河」への回帰の可能性を秘めたまま「海」へと突き進もうとしてはいないかというのが山本学治の「日本のモダニズム」観であり、それを「理性と感性のバランス」と捉え、私たちの「バランス」感覚に可能性を見出そうとしたのが、槇の「日本のモダニズム」観であった。少なくとも私の位置からは、その様に見える。

おそらく山本には、一度は崩壊した「世界共通性」への意欲と、同じ事態が繰り返されるのではないかとの懸念が、複雑に絡み合った状況で存在し、それが「糸」に拘束されるべき「日本のモダニズム」という表現を生み出している。それに対して、槇には、当時、自らの体験を背景とした世界の「モダニズム」への信頼があり、その内にあってなお、それとはいささか異なった方向性を持つ「日本のモダニズム」への複雑な思いがあった。その思いが「国民建築は誕生しなかった」という断定と「理性と感性のバランスの世界」という評価の間にある。ここに、槇の「モダニズム」観と山本の「日本のモダニズム」観の齟齬が、あるいは山本の「モダニズム」への期待と、槇の「日本のモダニズム」への期待との行き違いがある。

一方、「日本のモダニズム」を、槇の「船」の比喩を糧に想像すれば、大きな「船」の「後尾の白い航跡」を視界に留めつつ進む小さな「船」ということになる。「糸」に象徴される「拘束」と「船」が生み出す「連帯」は、「日本のモダニズム」と「モダニズム」との包含関係あるいはスケール観から生まれた認識の違いで、むしろ、同じものを必要性の側から捉えるか可能性の側から捉えるかの違いであると言った方が事実に近いだろう。ならば、どちらも「日本のモダニズム」が「モダニズム」たりうるための前提ということになる。

以上が、私の視界にある、山本の「日本のモダニズム」と槇の「モダニズム」の齟齬と「糸」と「船」の共通性である。

その後ろ姿から想像する今の表情

ところで、「地獄の営繕」とも揶揄される事態の中にある私たちには別の現実がある。今日の「日本のモダニズム」あるいは「モダニズム」が、建築のデザインと技術の両面において、日本の建築や都市にここまで浸透した姿を前にすれば、それが吉本が指摘した「はげしい断絶」を彷彿とさせつつも量を担っているという現実であり、二人が何と言おうと「モダニズム」はモダニズムとして入ってきてしまっているという認識である。私たちは、高村が主張した「世界共通性」という可能性を、実に無防備なまでに天真爛漫に受けいれてきたとしか思えない様な姿をしている。「日本のモダニズム」には、高村の主張した自由の可能性と、吉本だからこそ見出した「スネ齧り理論」の瑕疵が「壮麗」なまでに混在している。驚くべき点は、にもかかわらず、私たちがまだ持ちこたえているという事実である。「壮麗」とはその様な意味を含んでいる。

この風景は、戦後の日本が、山本の側から見れば受けいれるべき「拘束」によって、槇の側から見れば信頼すべき「連帯」によって、その変容速度をある程度調整することはできたにせよ、彼らが思った様には制御できなかったことを示しているのではないか。「自身の精神に対する信頼ではなく、もっと大きい私ら自身に対する心からの愛情」も「理性と感性のバランス」も充分には発揮されなかったのではないか。「糸」の様に見える「拘束」も「船」の様に見える「連帯」も、確かに存在したのだが、私たちは「糸」によって飛翔を担保された「凧」ではなく、自らの力でようやく飛んでいる存在であり、槇は「船」に乗る乗客ではなく「モダニズムはもともとひとつの根っ子からうまれたものではないからだ」との認識が示唆する様に、それぞれが懸命に泳ぐ集団の一人であったのではないか。山本の言う「飛翔」は、私たち自身のなせる技であり、過てば「電線にぶらさがる」のではなく地上に落下し、死に至る存在であり、槇は大海原を自らの力量で見事に泳いでいたのであり、過てば海の藻くずと消える存在であった。それが現実だったのではないか。

私がこの様に申し上げるのは、私自身が、現代日本の別の一面を生きる立場にあり、逆に、山本や槇が考えていた「モダニズム」とは必ずしも整合しない「日本のモダニズム」の現実こそが、「地獄の営繕」とも揶揄される技術論的な問題の根底にあると考えているからである。

こうした視点から、先の「国民建築」を論じれば、別の仮説に辿り着く。確かに、「国語に相当する国民建築は誕生しなかった」との指摘は、国語と国民建築の両方を空間論の側に求めれば吉本の指摘通り「了解不可能性」の前に断絶しているかにも見えるが、国語に相当する建築言語を技術の側に求めれば、そこには在来木造という今も量を担う技術が存在するし、それを糧として成立した「木造モダニズム」と呼ばれる一連の作品がある。アントニン・レーモンド、吉村順三といった人々がその成立に参画したこの建築は、戦前・戦中・戦後を途切れることなく生き抜き、質的劣化に苦しみながらも少しずつ変化を重ね、過酷な市場を、今もなんとか建築家と共に生きている。一方、「すでにつくられた新しさへのあこがれ」を技術論の側から眺めれば、「世界共通性」という可能性を糧に始まった工業化住宅が、その啓蒙期には実に多くの建築家や研究者が青雲の志をもって取り組むべき対象であったにもかかわらず、商品化住宅として量を担うに至って以降、彼らの志の対象ではなくなった事実を指摘できる。超高層建築も同じ道を辿りつつある。それはそれで良しとしよう。しかし、そこにもいずれは本格的な意味での「営繕」の時代がやって来る。それが「地獄の営繕」となるか、かつての「営繕」を換骨奪胎した新しい「営繕」になるかは今後の課題であるが、以上の様な問題は、私たちだけが抱える特殊事情ではない。姿形を変えつつ世界の多くの国と地域に、すなわち、「河」から「海」を語ることの難しかった国と地域に共通する課題であり、この課題を共有する国や地域こそ、「宇宙船地球号」においては、明らかに多数派のはずだ。ならば、いかに処するかも、共に考えるべき多くの隣人の存在する課題であり、同時に、その具体的な対策は、自立した文化の中で、各々が自ら見出さなければならない問題のはずである。

二一世紀の現実

繰り返しになるが、「拘束」と「連帯」は存在したが、「糸」も「船」も存在しなかったという環境にあったのは、なにも戦後日本の特殊事情ではなく、多くの国と地域が共有する現実であったはずで、それこそが「宇宙船地球号」では多数派であり、量を担う側の一般的な状況であった。「モダニズム」に対する「日本のモダニズム」も、技術論を視野に入れれば、同じ様な状況にあった。それが「営繕論」の側から見た私の見解である。ならば、敢えて「糸」と「船」に言及しなければならなかった理由は何だったのだろうか。正確には、吉本が憤りをもって指摘した「スネ齧り理論」の「スネ」を、山本と槇が「糸」と「船」という、共に信頼に足る存在に置き換えて述べた理由はどこにあったのだろうか。

今、本章の検討を糧に振り返れば、「糸」と「船」こそ、吉本が向き合ったものと距離をおきつつ戦後を生きる術であったと考えるのが妥当だろう。逆にそれがなければ、私たちが戦後という時代を前向きに生きていくことは困難であるとの判断があったとも推察されるが、山本も槇もこの点については、直接言及することを避けている。この部分に対する説明は、今も空白のままになっている。戦後日本の「モダニズム」が「スネ齧り理論」であったか否かの問いは、今も私たちの前にある。そして、最も重要な点は、彼らが示した生きる術が、気がつくと私たちの自由の前提となり、今や「営繕」の対象となっているという現実である。

最後に、以上の見解を背景に、「スネ齧り」が本来、経済的依存、あるいは一方的収奪を背景としている事実に鑑み、次の二つのグラフ［Fig.23］に言及して結びとしたい。財務省ホームページの「財政の健全化」のページには、

我が国の財政は、毎年の多額の国債発行が積み重なり、国際的にも歴史的にも最悪の水準にあります（太平洋戦争末期と同水準）。欧州諸国のような財政危機の発生を防ぐために、GDP（返済

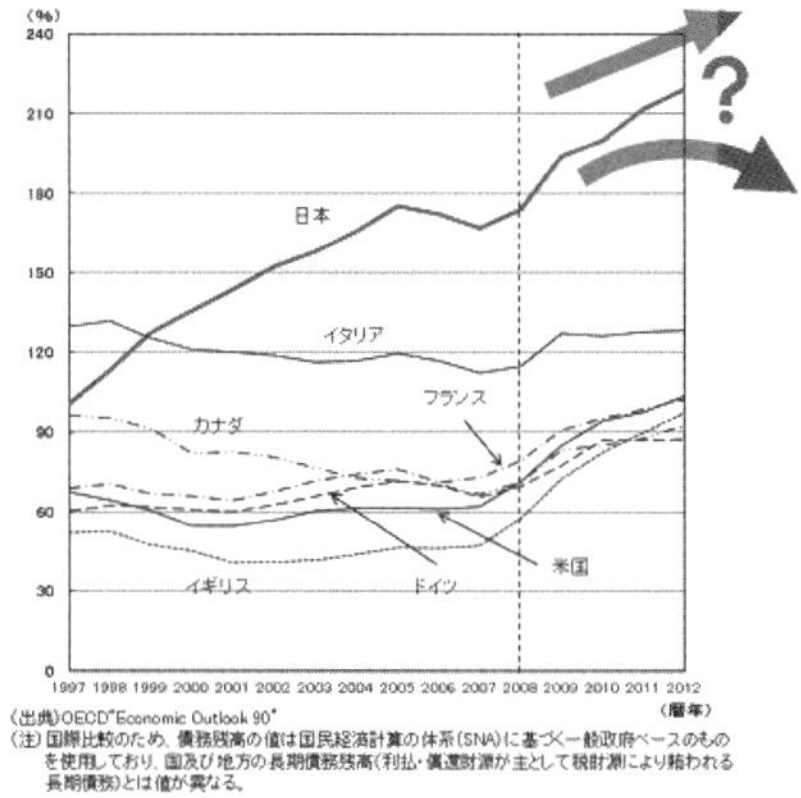

Fig.23a　債務残高の国際比較（対GDP比）

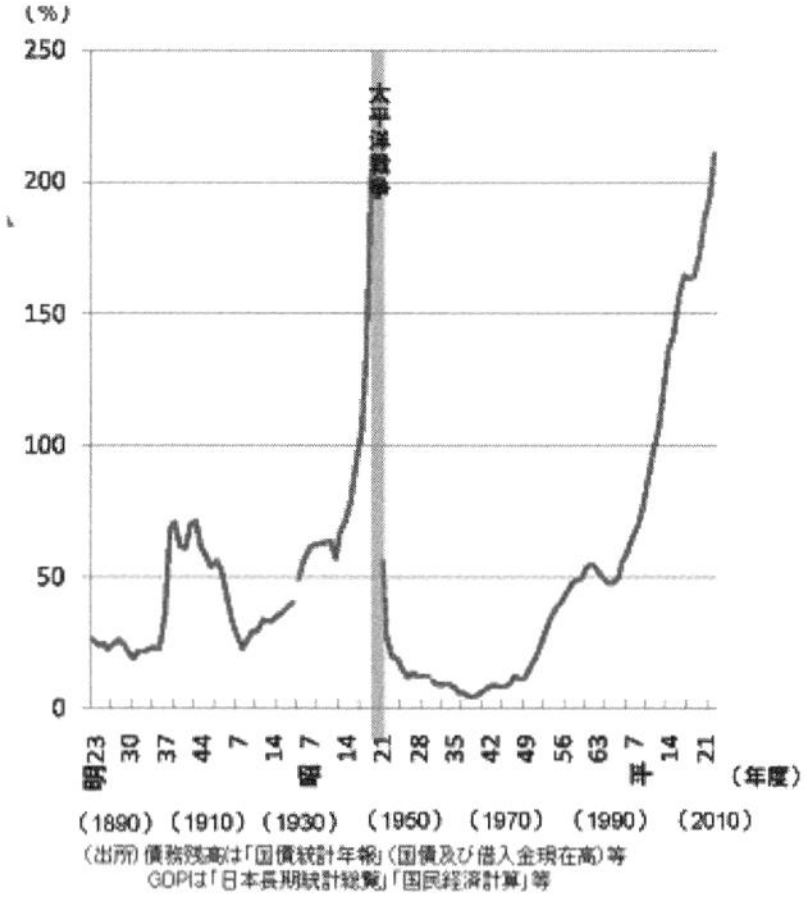

Fig.23b　我が国の政府債務残高の名目GDP等に対する推移

の元本）との対比で債務残高が伸び続けないよう、収束させていくことが重要です。〔▼17〕

というコメントと共に、ここに示した二つのグラフが掲載されている。

実に説得力のある資料であるが、「スネ齧り」という点から見れば、上のグラフが「海の現実」を、下のグラフが「河の現実」を示していると考えるのが適切だろう。ここでは、特に下のグラフに注目したい。平和に暮らす私たちの経済状態が、政府債務残高対GDP比という指標を通して眺めると「太平洋戦争末期」を超えようとしているとの指摘は重い。このグラフを見る限り、困難な時代の真直中にいるとの印象以外なにも見出せない。もちろん、国富や国債については、財務省とは異なる評価や分析が存在することは承知している。しかし、私が、ここでこのグラフに注目する理由は、そうした問題に言及するためではない。債務が急成長した昭和初期から敗戦までの期間と、バブル崩壊後の混乱から今日までの期間が見事なまでに同じ形状をしている事実に注目してのことである。正確には、バブル崩壊後の経済政策が、敗戦を糧とした経済運営とは異なること、それゆえに、現在の状況が、このグラフで見る限り、山本と槇が「糸」と「船」を語らなければならなくなる直前の姿に酷似しているという事実を指摘するためである。

最悪の場合、私たちの誰かが、再び「糸」と「船」を語らなければならなくなる可能性がある。もし、その様な事態に立ち至れば、「糸」と「船」への言及は、彼らが共に、私が繰り返し述べてきた「私たち」の一人であったという告白にすぎなかったことになる。ならば、私たちが彼らの懸念を払拭できるか否かは、「糸」と「船」にかかわる問いでないばかりか、彼らが私たちに残した課題でもなく、唯々「日本のモダニズム」の、すなわち彼らを含む私たちの問題であるということになる。

今日の私たちは、それこそ「歴史の教訓」として、もはや、存在しないものを糧に未来の可能性に言及することはできない。私たちは、すでに「糸」も「船」も存在しないことを知ってしまっている。私が「地獄の営繕」などと言う実に無配慮な表現を躊躇なく用いる理由がここにある。

政府債務残高対GDP比などという指標を用いて建築における「モダニズム」を論じるのには少なからず無理があるし、戦時体制下の当時と経済大国となった今日をこの様な形式で比較できるのかとの疑問もあろうとは思うが、下のグラフの形状は、私たちが、再び、私たち自身の「スネ」を自ら「齧り」尽くそうとしている姿以外の何ものでもない。少なくともその様に見える。しかも、事態は、まさに戦後生まれの私たちの時代において顕在化している。もちろん、上のグラフを糧に、程度の差こそあれ「モダニズム」それ自身が、実は「スネ齧り理論」であったとの合意が成立する可能性はある。しかし、それは「海」の合意で「河」の救いとはならないだろう。いかに処するかは、その多くの部分を「河」の側が自らの判断で担わなければならないからである。

今、山本の言説を糧に、下のグラフの右端を論じるとすれば、過てば「ぶらさがる」べき「電線」すらない空を、私たちが自らの意志と責任において、さらに「高い自由な飛翔」を目指して飛び立たんとしている姿と考える以外にない。これを「スネ齧り理論」ではないと、私たちは胸を張って言えるだろうか。

戦後日本の「モダニズム」が「スネ齧り理論」であったか否かの問いは、今も、私たちの前にある。私たちが「日本のモダニズム建築」の営繕に失敗すれば、そこには、引っかかるべき電線など存在しない。必要なだけ転落する以外に術はない。

では、私たちは、この「地獄の営繕」という状況と、どの様に向き合えばよいのだろうか。

第5章　瓶と缶からのアナロジー

Fig.24　上：東洋大学旧教養課程研究棟⑤
下：東洋大学人間環境デザイン学科実験工房棟 ⑤

モダニズムを糧とする現代建築が主要なストックである現代社会が、定常化社会を前に抱えている葛藤は、大きく二つに分けることができる。まず、第一に、そのビルディングエレメントの多くが工業化されている事実であり、第二に、構造上既存不適格という言葉に象徴される耐震性への不安である。本章では、まず、第一の葛藤について考えてみたい。

リサイクルと生産性向上

一九九〇年代初頭のことである。近代建築を支える代表的な素材である鉄とガラスとコンクリートについて、解体から処理までの流れを調べていた時のことである。鉄のリサイクルについての聞き取り調査の過程で、興味深い話を聞かせていただいた。それは、生産の過程で、生産ラインからこぼれ落ちてしまう鉄屑についての話であった。

高炉で生産された銑鉄を転炉に流し込んで粗鋼をつくる過程で、銑鉄を直に空の転炉に流し込むと転炉の内部、特に底部を痛めてしまう。そこで、あらかじめ転炉の底に鉄屑を敷いておくのだが、この鉄屑に、市中で回収された鉄屑と共に工場内で生産ラインからこぼれ落ちた鉄屑が用いられる。もちろん、鉄屑は流し込まれた銑鉄に溶かされて一体化し、共に粗鋼となり、最終的に鉄鋼製品となって市場に出ることになる訳だが、さて、ここで、転炉の底部に敷かれる鉄屑は、それが市中で回収された鉄屑であるか、工場内で回収された鉄屑であるかによって、同じ鉄屑であるにもかかわらず、その品質まで含めて大きな相違がある。

まず、市中で回収された鉄屑の使用形態は、明らかにリサイクルと呼ぶべき構図の中にある、この点に疑問の余地はない。では、工場内で発生する鉄屑の使用はどの様に考えるべきものだろうか。私は、当初「生産ラインからこぼれ落ちる」ということは、廃棄された訳であるから、回収してラインに戻す行為も再利用と考え、これを「工場内リサイクル」と呼んではどうかと考えていたのだが、これは私の勝手な印象で、決してリサイクルとは呼ばれない、正確には、工場が生産している素材そのものについて工場の中でリサイクルという言葉が用いられることはない。では、何と呼ばれているか、もちろん、「生産性向上の一環」である。工場内で発生する鉄屑は、原料として買い取った鉄鉱石から生まれたもので、かりに、工場内で発生した鉄屑が廃棄された場合、これは歩留まり率の低下ということになる。逆に、この鉄屑をラインに戻した場合には、歩留まり率は向上する。当然、これは「生産性向上の一環」ということになる。しかも、工場内で生産ラインからこぼれ落ちた鉄屑は、明らかにバージン資源から得られた鉄鋼片であり、これは、市中で回収された鉄屑に比べて、たとえば、銅の混入率はきわめて低い。

かくして、市中から回収した鉄屑の再利用は「リサイクル」であるが、工場で生まれた鉄屑の再利用は「生産性向上の一環」と言うことになるのだが、この話は、資源を持たない加工貿易国の製造業にとって原料がいかなるものであるかを考えるうえで、きわめて分かりやすい話である。製造業は、企業の存亡をかけて「生産性向上」に取り組んでいる。原料へのこうした姿勢は、日本の製造業にとって必須のものであるが、同時に、原料を輸入していることと深く結びついた事柄でもある。今や、加工貿易国などという言葉はほとんど耳にしなくなったが、そうした事実が存在しなくなった訳ではない。今でも、工場では真剣に取り組まれている事柄のはずである。ただ、戦後の復興期や高度成長期と異なるのは、その認識が市中にまで伝わりにくくなった点にある。

再生利用と継続利用

ところで、生産性向上と大量消費は不可分な関係にある。生産ラインからこぼれ落ちる原料を拾い集めてラインに戻し、原料の浪費を無くそうとする倹約の努力が、実は、大量消費を可能にし、使う側の私たちにリサイクルを要請し、今や、私たちの生活そのものが、その様な循環の構図に支えられている。私たちは、生産ラインを維持していかなくてはならないからである。なんとも矛盾した事態の様にも見えるが、これが現実である。「希望の建設・地獄の営繕」は「希望の新品・地獄のリサイクル」でも成立しているはずである。

もっとも、ここで私が問題にしている「大量消費」、正確には大量消費の繰り返しが、日本で実現したのは、一九八〇年代以降のことで、その時、私たちはそれを「多品種少量生産」と呼んで歓迎した記憶があるので、それ以前は、買い替え需要を繰り返し喚起し、その周期を生産側が、自らの採算ベースに合わせて誘導するということは実際には難しかった。さて、ここで、議論は二つに分かれる。まず、繰り返される需要喚起を受けいれ、積極的に支え続けるためには、どうしても、高度で高頻度な再生利用が必要で、そのためには、住宅を自動車の様に、少なくとも、それに少しでも近づけるべく短命化する必要がある。逆に、需要喚起と一定の距離をとりたいと考えるなら、既存ストックの継続利用は必須となる。確認しておくが、それは、新しく高耐久建築を建設するというのではなく、既存建築の継続利用という意味である。継続利用とは、既存建築を使用しながら、高耐久化、すなわち、外部化されがちな耐久性能を内部化することである。

再生利用と継続利用、現代建築は、今この狭間にある。正確には、現代都市には、両者が併存し、単体としての建築の内部では、在来構法と工業化構法が、すなわち、湿式構法と乾式構法が、きちんと区別できないまま組み込まれた状況にある。そして、だからこそ、こうした時代には、実にいろいろな可能性が語られる。

これからの新しい建築は、最新の技術を武器に、高耐久な建築を目指すべきだ。

この発想に立って、やはり建て替えを勧めるべきだ。

技術革新がさらに進めば、近い将来、今よりさらに高耐久な建築が実現するに違いない。ならば、更なる高耐久化を目指して、再度、建て替えを勧めることができるのではないか。きっと、そうなるはずだ。

ここまでは、一応、社会的要請との関係が認められる様に思うのだが、それが、再度の建て替えを、近い将来に見込めるなら、今回の高耐久性は、私たちの意欲の表明ということでも実害は無いのではないか。今回は、竣工時の環境性能の高度化こそが重要なのではないか。きっと、それで良いはずだ。

という事態に立ち至れば、もはや、モラルハザードとの印象は否めないし、むしろ、虚構であると言うべきだろう。

私は、少なくとも日本の近現代建築において、工業技術は高耐久よりは高強度へとシフトしてきたと考えている。大量生産による低価格化を前提とする限り高強度は軽量化を前提とするからだ。あるいは、高強度は、軽量化と大量生産によって初めて低価格と結びつくからだ。ここが、低強度あるいは低品質を糧とする汎用技術との違いである。したがって、継続利用が高耐久性を糧とする様に、高強度軽量化を糧とした量産品は、否応なく再生利用を要請する。

再生利用によって消費者が享受する利益は、大量消費の継続である。再生利用に応じず、継続利用への努力をも怠れば、大量廃棄とその処理という問題がただちに頭を擡《もた》げる。ただし、私たちが、きちんとした問題意識をもって生活してなお廃棄物の問題が解決しないとすれば、それは、私たちが大量消費の継続を望んでいないにもかかわらず、それを強いられていることになる。

環境負荷の内部化と情報開示

再生利用も継続利用も物質循環であることに変わりはない。相違はその速度にすぎない。循環である以上、回収と処理が必要である点も共通している。問題は、その社会的費用である。その費用対効果をきちんと算出する必要があるのだが、これがなかなかうまくいかない。環境負荷の多くが、今も市場の外部にあるからだ。将来、それこそ、二酸化炭素の発生量から環境ホルモンといった要因まで、充分に内部化され、製品価格に反映される様になれば、問題は、実に分かりやすいものになるはずだ。環境負荷の少ない製品は廉価になり、負荷の大きい製品は高価になるからだ。しかし、その内部化が、きわめて不十分な状況では、むしろ高い製品を買うことが望まれる。現状は、後者の印象が強い。

それでも、環境問題への取り組みは、より多くの要因を内部化し、より広範な情報公開を実現し、日進月歩で、より客観的な基準へと近づいていくに違いない。もちろん、ビッグデータとAIにも期待したい。しかし、同時に、これまでもそうであった様に、これからも、短期的な手段があたかも普遍的な目標であるかの様に語られ、逆に、より長期的で普遍的な目標を見据えようとすればするほど過激になるという状況は変わらないだろう。短期的だが魅力的な手段を語るうちに、あるいはそうした言説に従ううちに、手段と目標を次々と変えていかざるをえなくなり、気がつくとモラルハザードに陥ってしまうという状況も同様のはずだ。「地獄の営繕」の橋を渡りきるためには、その様な状況を受けいれ葛藤に苦しみながら、なお、しばらくの間、持ちこたえる必要がある。

説明手段としてのアナロジー

建築の様な複雑系の継続使用の可能性について客観的に説明する作業には、あまりに多くの要素が複雑に絡み合っており、どの様に真摯に説明しても、結果として、建て替え需要の喚起へと誘導されてしまうことが多い。ビッグデータの活用が汎用化すれば、建築のビルディングエレメントの経年変化ぐらいのことは、積載荷重の移動の様な小さな変化や無感地震による応力変化やそれによる疲労度まで正確に把握し、さらに、突然襲ってきた大地震による建物の劣化データを加え、それを糧に構造体の残存耐力を計算し、梅雨も豪雨も台風も含めた総雨量からサッシュやシールの止水能力を把握し、もちろん、建設時の瑕疵の確率まで視野に入れ、オプション契約さえすれば、最も近くにある原子力発電所の発災の確率まで織り込んで、何時でも御社の社屋の、あるいはあなたのマンションの余命について、ご説明いたしますという時代が来るかもしれない。

しかし、今のところは、少なくとも、私が「量を担った技術」と呼ぶところの汎用技術によって建設された建物の継続利用の可能性さえ計算できてはいない。私は、相当長期にわたって困難なのではないかとの印象を持っているが、期待に胸躍らせている方もいるに違いない。換言すれば、既存建築の問題点をあげつらい、将来の成長を前提に楽観的な建て替え論を構築することは、きわめて容易であったし、今もそうであるということである。そこにあるのは、あの時よりも、今の方が良い建物が建てられる、現代建築の現実よりも、新建築の可能性の方が優れているという漠然とした前提だ。景気循環に呼応する様に繰り返されてきた寿命や耐久性に関する議論の多くが、実に説得力のある建て替え論として機能してきた理由もここにある。

そして、それが最も顕在化したのが一九八〇年代後半であった。この時、耐久性能が、しばしば恣意的な説明によって、あるいは行政の誘導によって、内部化されることなく失われていく様子と、それに巻き込まれた人々のその後を見てきた私には、寿命や耐久性の問題を、より客観的に、常識論の範囲で説明し、継続利用を説得する手立ての発見はきわめて重要な研究テーマだった。

当時、よく耳にしたのが、建築の寿命は、実際には設備の耐用年限で決まるといった話であった。もちろん、専門的にはありえない話で、多くの専門家はその様に語らざるをえない立場の人を含めて、こうした言説が需要喚起の手段にすぎないことに疑いを持ってはいなかった。建築の寿命を決めるのは、設備ではなく構造だということは誰もがただちに理解できる常識であったからである。設備の寿命が建築の寿命を決めるという主張の背景には、ここで設備を全面的に更新したとして、その効果を充分に享受するまで、構造が、正確には、今や既存不適格となった構造体が持ちこたえてくれるだろうかという不安と、今のうちに建て替えて、できるなら容積率の緩和を糧に、より付加価値の高い大きなビルにしてしまった方が、後々楽なのではないかという期待が交錯していたからである。

設備の耐用年限は、方便にすぎなかったのだが、こうした言説とまともに向き合えば、設備の話は、翌日には防水に変わり、一週間後にはサッシュやシールへと展開し、気がつくとそれらの全体と耐震性の議論へと発展し、結果として、建て替えの必要性の証明に加担させられてしまう場合が多かった。それゆえに、この複雑系の継続利用の可能性を積極的に、寿命や耐久性の問題を分かりやすく常識論として説明する必要があるとの思いは日々強くなっていったのだが、なかなか名案は浮かばなかった。そこで、建築の寿命の根本的な部分は、構造体が担っているという事実を正面に見据え、この問題を分かりやすく説明するアナロジーをと考え、「瓶」と「缶」という、きわめて身近にある「容器」すなわち構造体に注目した次第である。

論点を単純化するために、内容物は同じである方が良かろうと考え、容器の中身をビールに統一したうえで、当時、ビールの容器として広く用いられていたガラス「瓶」と、爆発的に需要を伸ばしつつあったアルミ「缶」を、私たちの生活の容器である住宅の構造体に見立て、「瓶と缶からのアナロジー」という小論を書いて、一九九〇年代初頭、東洋大学工学部（現理工学部）建築学科で、学生向けに話し始めたのだが、一九九五年一〇月の日本建築学会外壁小委員会主催のシンポジウムで発表する機会を得、それを契機にダイヤグラムや写真を加えて体裁を整え、以来、データを更新しつつ、今日に至るまで、三年生の授業で話している。

瓶の論理

今日でこそ、瓶ビールは一般家庭では希有な容器となったが、三〇年ほど前までは、家庭でもビールは瓶であった。さらに一〇年も遡れば、ビールに限らず清涼飲料水も瓶が主流であった。コーラもサイダーも瓶で売られていたのである。もちろん、私たちが買うのは、中身であって瓶ではない。自動販売機の横には、リサイクルボックスではなく、瓶のケースが置かれていたことを記憶している方も多いだろう。

さて、本題に入りたい。瓶の時代、家でビールを飲むとしよう。当然、酒屋さんでビールを買うということになる。その流通形態をありていに説明すると、中にビールをいっぱいにした瓶が家にやってきて、空になった瓶が酒屋さんに帰っていくという流れである。普段から取引のある

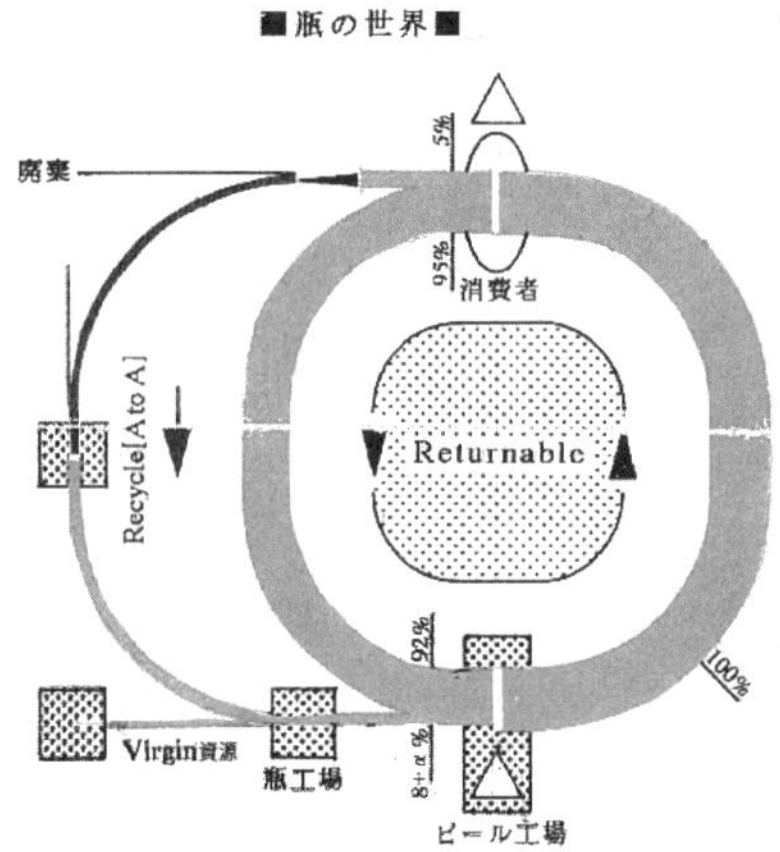

Fig.25　瓶の世界 Returnable の世界

酒屋さんなら、瓶はその酒屋さんに帰ってくるとあらかじめ分かっているので、ビール代だけを払えば売ってくれたし、どこかに持ち出す場合には瓶代（二〇円程度）を含めて買い取り、持ち出した先で酒屋さんに返しても、持ち帰って元の酒屋さんに返しても、払った瓶代で買い取ってもらえる仕組みになっていた。帰ってきたビール瓶は、瓶商を介してビール工場へ戻され、洗浄と検査を経て、特に問題がなければ、再びビールを詰められ、新しいラベルを貼りつけられ、酒屋さんへと帰ってくる。ここから先は、先ほどとまったく同じである。長寿命なものだと二〇回以上も市場とビール工場を往復すると言われていた。

もちろん、途中で割れてしまう場合もある。割れると、家庭であれば捨てられたと思うが、決して高価なガラスではなかったこと、色も茶色で多様な色ガラスを混ぜるとできあがる様な色で、回収して溶かして再び瓶に再生することができた。今日的な言い方をすれば、リターナブルでありながら、同時に、簡単にリサイクルのできる素材でつくられていた訳である。唯一の欠点は、決して高品質、すなわち高強度ではなかったので、一本一本が比較的重かったことである。容器としても素材としても実に完成された循環経路の中にあった。循環経路が確立されているということは、ビール瓶は、すでに充分な量が存在するということなので、瓶の生産が必要になるのは、流通の過程で割れてしまった滅失分と、ビールの需要の増加に伴う増産分だけということになる。瓶を取り巻く環境は、きわめて安定した定常状態にあった。この様に市場の循環系が成熟していると技術革新とは無縁で、ビール瓶は、昔ながらの形と仕様のまま変わらず、したがって、非軽量で低強度ではあったが、それゆえ、いささか古風で厚みがあり、高耐久で長寿命で、かつ、リサイクルにも適していた。この循環を可視化したのが、右の図である[Fig.25]。

缶の論理

一方、ビール缶はまったく反対であった。缶ビールを今日家で飲むとしよう。多くの場合、誰もがスーパーで缶ビールを、おそらくは、紙パックに纏められたものを買って帰り、それを飲むことになる。その後、空になったアルミ缶は潰してリサイクルに出すということになるはずだ。使用済みのビール缶が、洗浄・検品を経て再びビール缶として用いられることはない。ビール缶は一回限りで廃棄される運命にある。これをワンウェーと呼ぶ。

ビール缶の特徴はその軽さと薄さにある。実に軽薄なのである。軽く薄くするためには、あらかじめアルミの純度を充分高めておく必要がある。薄肉化された中に不純物が残っていると、ビールを注ぎ込んだ時、正確には圧入した時に破れてしまうからである。高純度と薄肉化はきわめて付加価値の高い技術である。付加価値の高い技術によってつくりだされた軽くて薄いアルミ缶は、決して廉価な容器ではない。廉価にするためには、量産が必須である。アルミ缶は、大量生産によって初めて廉価に供給できる容器なのである。ここに言うところの、多量生産とは、一過性の量産とは異なる継続的な量産である。当然のことながら、アルミ缶は買い取りである。缶ビールの代金には、容器としての缶の価格が含まれている。したがって、価格を抑えるためには、相当量の缶の量産があらかじめ約束されていなければならない。軽くて薄い缶の生産は、高純度と高付加価値、それに大量生産の組み合わせによって成立している。話は少しずれるが、スティール缶の軽量化も相当進んでいるのはご承知の通りだが、こちらでは、薄肉化の糧として鋼（ハガネ）の技術が取り入れられている。ビール「缶」（アルミ製）は、新しい容器であったために、当初は、あまねくバージン資源から生産され、需要に合わせて増産された。全量買い取り制である以上、供給量がある一定量を超えた段階で、当然、廃棄物問題が顕在化することになった。

私が、「瓶と缶からのアナロジー」を話し始めた頃、「缶」のリサイクルも、ようやく社会的な関心事になり、回収率も公表される様になっていた。当時の数値は、回収率六〇%で、その内訳は、いわゆるA to Aリサイクル、すなわち、同じビール缶にリサイクルされる率が二四%、Aという用途に使われた後、不純物の混入などで品質が下がり、再びAという用途で使うことができず、Bという用途で使われる、いわゆるA to Bリサイクルが三六%という数値であった。ちなみにBは自動車部品であったと記憶する。私はこのデータに基づいて授業用の資料を作成していた。それが左の図である[Fig.26]。全体の約四分の一がA to Aリサイクルを経て、ビール缶に再生利用されていたことになる。当時、この数値を見た私は、高純度を糧に薄肉化に成功した缶をゴミとして回収し、再度、高純度化し薄肉化することの困難さに絶望的な思いを抱いた。本来、最もリサイクルに適さない、高純度高付加価値素材を、ゴミとして回収しリサイクルしなければならないからである。誰もがビール缶の蓋を缶の中に捨て、缶を灰皿に使い、ゴミ箱に捨てていた時代である。当時、その困難さまで含めて学生に説明した記憶がある。

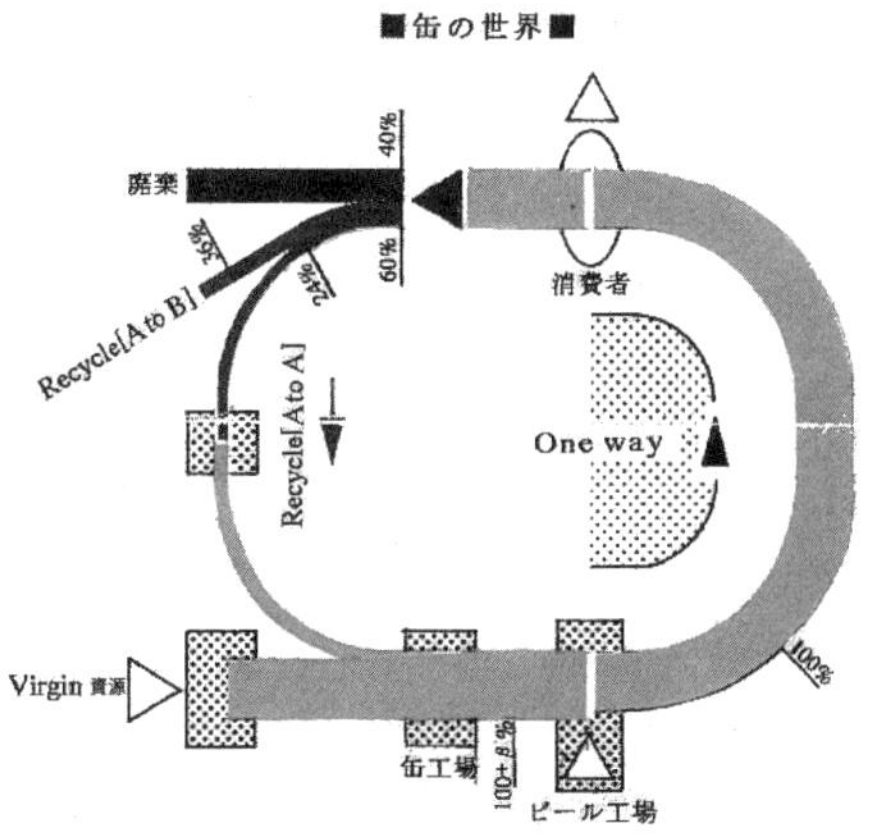

Fig.26　缶の世界 One way+recycle の世界

　ところが、事態はそれでは済まなかった。公表されている回収率は高すぎるのではないかという指摘が、消費者団体から提出されたのである。疑問の根拠は、すでに高い回収率を実現していたドイツのリサイクルの状況を背景に、もし、日本国内で六〇%もの回収率が実現していれば、道端や街のゴミ箱に空缶が落ちているはずはないという指摘であった。確かにその通りで、以後、回収率の報告はしばらく行われなくなった。軽く薄くを極限まで追い求め、それを糧にワンウェーに特化した缶という器にとって、リサイクルは必須の前提であったし、その高品質ゆえに、逆にきわめて困難な作業であることもあらかじめ分かっていた。ならば、なんとしても実現しなければならない、少なくともなんとか実現したいと考えるのが、供給を許した側の自然な発想である。その思いが、できているかに見える数値を批判的に検証する見識をくもらせてしまっていたのである。近年、再び公表される様になった以下の数値が、希望的観測でないことを祈念したい。

ちなみに「アルミ缶リサイクル協会」のホームページには、本書執筆の折には、

一九九六年（平成八年）　アルミ缶リサイクル率七〇％を超える
二〇〇〇年（平成一二年）　アルミ缶リサイクル率八〇％を超える
二〇〇四年（平成一六年）　アルミ缶リサイクル率八六・一％となる
二〇〇五年（平成一七年）　アルミ缶リサイクル率九一・七％となる
二〇〇六年（平成一八年）　アルミ缶リサイクル率九〇・九％となる
二〇〇七年（平成一九年）　アルミ缶リサイクル率九二・七％となる
二〇一二年（平成二四年）　アルミ缶リサイクル率九四・七％となる
二〇一三年（平成二五年）　協会創立四〇周年

と記されていた［▼1］。嬉しい数値ではないか（ただし、その後、同協会のホームページはリニューアルされ、少し書式が変わった）。しかし、今、私が確認したいのはその成果ではない。むしろ、こうした数値は、一般論として、希望的観測を完全には排除できないという、私たち自身の経験の重要性である。回収率やリサイクル率といった数値は、捕捉がきわめて難しく把握しにくいもので、常に一定範囲の推測を含む。その背景には、リサイクルが廃品回収で、流通ではないという現実がある。ちなみに、ビール「瓶」は、今も流通品である。右のデータの二〇〇七年度版を用いてつくったものが、上の図である［Fig.27］。ただし、具体的な数値については、その客観性を充分に確認できていない可能性がある。

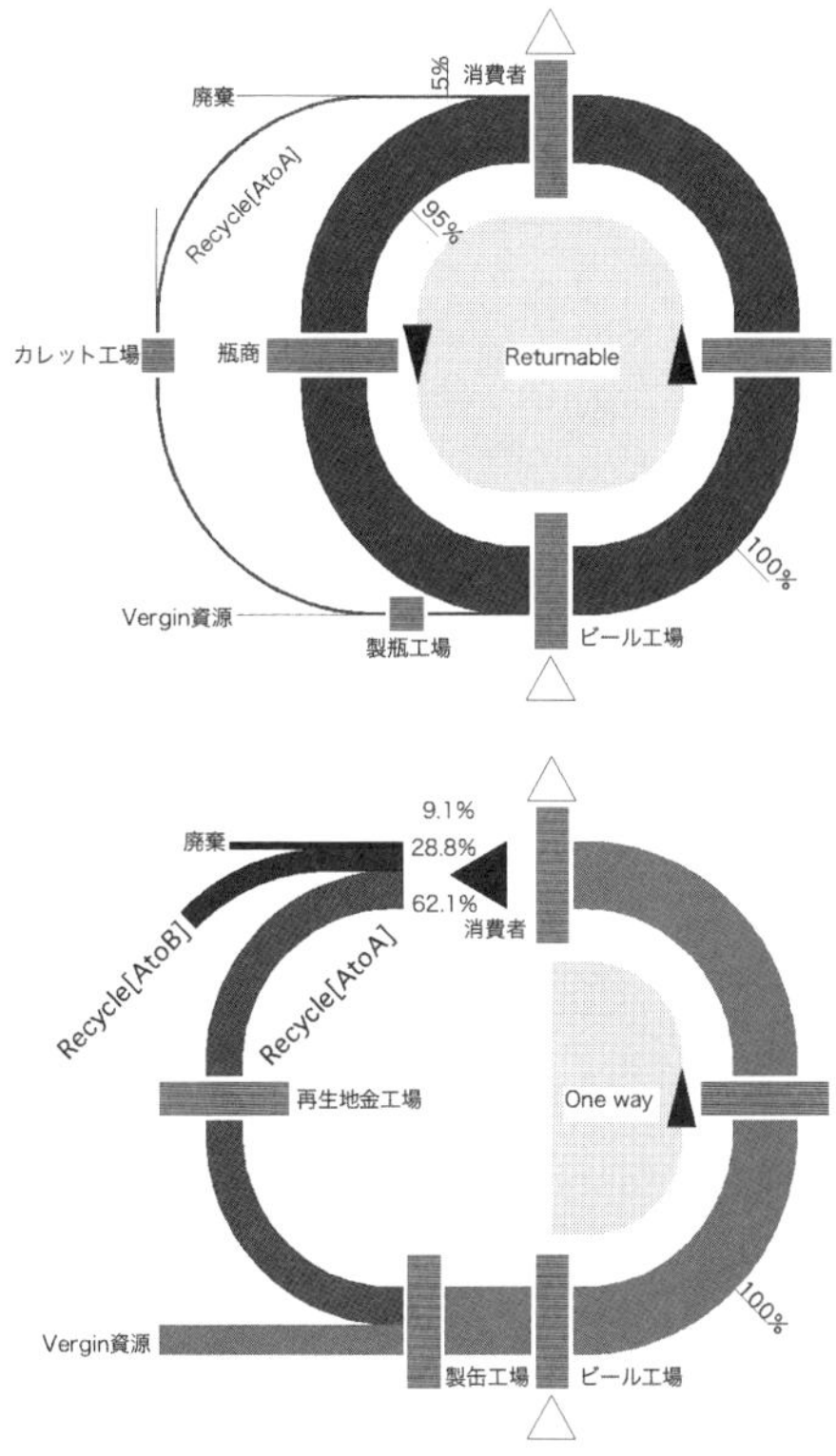

Fig.27　瓶と缶 Returnable と One way

瓶と缶からのアナロジー

話が少しそれたが、最後に、こうした経緯を含めて整理しておきたい。

まず、ビール「瓶」は、継続使用（リターナブル）を前提とする容器で、ガラスとしては低品質低強度で非軽量であり、高耐久である。さらに、低品質ゆえに、きわめて再生利用（リサイクル）に適している。また、すでに充分な量が市場に存在するので、その生産は量産を前提としない。ちなみに、ビール「瓶」の強度は、ケースの中で擦れ合う中で、相当低下することが確認されている。ガラスが厚くなる理由の一つがここにある。もちろん、低下して安定したところまでが実用強度ということである。

一方、ビール「缶」は、使い捨て（ワンウェー）を前提とする容器で、常にその全量を再生産する必要があるのだが、きわめて高純度高品質で軽量であるが、リサイクルに適さない。しかし、全量再生産であるがゆえに、逆に、リサイクルを必須とする。ちなみに、ビール「缶」の耐久性は、その利用形態からほとんど意識されず、強度が重視される。この関係を整理したのが、上の表である［Fig.28］。

Returnable	vs	One way
非軽量	vs	軽量
耐久性	vs	強度
長寿命	vs	短寿命
一部更新市場	vs	全量更新市場

Fig.28　Returnableと One way の性能比較

私たちのライフをビールに喩えるとは何事かとの批判もあろうが、技術論的には、住宅は私たちの生活の容器である。今、話を分かりやすく

	住宅typ1		住宅typ2	
何世代も住む	Returnable	vs	One way	1世代でも何回か建て替える
住宅は不動産である	非軽量	vs	軽量	住宅は耐久消費財である
使用期間中の強度低下を織り込む	耐久性	vs	強度	使用期間を予め指定
中古住宅でよい	長寿命	vs	短寿命	新築がよい
管理・メンテナンスの充実	一部更新市場	vs	全量更新市場	建て替え需要の喚起

Fig.29　瓶型住宅と缶型住宅の性能比較

するために「瓶型住宅」と「缶型住宅」という二種類の住宅を考えてみたい。もちろん、すでに述べた様に、建築はきわめて多くのビルディングエレメントによって構成されており、その複雑さは「瓶」や「缶」とは比べようもないが、強度や耐久性を糧にその使用方法を考えるうえでは、きわめて示唆に富んだアナロジーである[Fig.29]。

まず、工業化率という点では、明らかに瓶の方が低く、缶の方が高い。「瓶型住宅」と「缶型住宅」との趣旨で論じれば、「瓶型住宅」の方が、工業化率の低い構造体であり、「缶型住宅」の方が、工業化率の高い構造体であるということになる。誤解を恐れずに申し上げれば、木造や鉄筋コンクリート構造は前者に近く、鉄骨造は後者に近いと判断できるし、プレファブ技術を基盤とする商品化住宅の多くは、明らかに工業化率の高い構造体によって支えられていると考えるべきだろう。ならば、建築が技術の高度化を糧に高強度軽量化へと進めば、「缶」ほどではないまでも、継続使用よりは建て替え奨励へと進む可能性が高い。

さて、住宅市場が「瓶型住宅」市場であれば、人々のライフスタイルは、おおむね中古住宅を旨とし、そこに世代を超えて住み続けるというものになり、「缶型住宅」市場であれば、常に新築を好み、それを比較的短期間に建て替えるというものになる。ここで重要なのは、どちらが正しいかではない。むしろ、言葉にはされないものの多くの人々が心に描く、自分たちが末長く住める住宅を家族のために建てるという志が、工業化社会のありようといかに対峙する考え方であるかを理解し、工業化率が高くなればなるほど、それが非現実的でノスタルジックな幻想になるという現実を認識することである。将来、子供が使うに違いないと最新型の高級車を購入し大切に使う若い夫婦など存在しないはずだ。

では、もはや幻想にすぎないのかと言えば、決してそうではない。しかし、その点に言及するためには少し手続きが必要だ。缶ビールが瓶ビールを駆逐した過程を振り返る必要があるからだ。正確には、なぜ、「瓶」から「缶」への転換が図られたかを明らかにする必要がある。確かに、あれだけ完成された流通システムを破壊する必要性がどこにあったのかは、きちんと見極めるべきだろう。

比較しやすい容器として、三三〇ミリリットルのビール瓶、いわゆる小瓶と三五〇ミリリットルのビール缶を比較すると前者が約三三〇グラム、後者が約一五グラムである。瓶ビールの場合、ほぼ半分が瓶の重量であるのに対して、缶ビールの場合、その重量はおおむねビールの重量ということになる。これは、同じ運搬コストで、倍の売上が期待されることを意味する。しかも、缶の回収は廃品回収で、主役は消費者と自治体であるのに対して、瓶の回収は流通の一環で、主役は瓶商とビールメーカーである。缶ビールが瓶ビールを駆逐していった背景には、継続使用か使い捨てかという問題とは別に、製品の運搬費用と容器の回収費用の問題が深くかかわっている。

一方、建築では議論が少し異なる。建築は動かないからだ。建築が運搬費用を必要とするのは、構造体に関する限り、建設時と解体時の二回で、改修の多くは、構造体の交換を伴わない。しかも、主役は、建設業者と解体業者で、どちらも専業者の仕事である。流通運搬費用の軽減は、建築においては主要な問題たりえない。さらに、すでに述べた様に、地震の多い地域の構造体は、汎用技術を糧とする限り、多くの場合、瓶型である。したがって、容器の軽量化の主要な根拠が、運搬価格にあるとすれば、不動産である建築の主要な根拠にはなりがたいと考えるべきだろう。

「瓶と缶からのアナロジー」は、汎用技術に関する限り、耐震性という社会的要請が、どちらかと言えば、軽量化と短命化へと傾倒しがちな私たちの脆弱な姿勢から建築を守っているという事実を、実に分かりやすく説明している。

では、その地震という設計条件との間で生まれた、もう一つの葛藤である耐震性への不安と、私たちはどの様に向き合ってきたのだろうか。

第6章 オプティミズムとデカダンス

Fig.30　上：東洋大学旧教養課程研究棟 ⑥
下：東洋大学人間環境デザイン学科実験工房棟 ⑥

では、もう一つの葛藤、構造上既存不適格という言葉に象徴される耐震性への不安と、現代日本は、どの様に向き合ってきたのだろうか。正確には耐震性の維持という難題と、私たちはどの様に向き合ってきたのだろうか。この問題について考えることは、構造上既存不適格という言葉に象徴される耐震性能に対する不安を通して、今日においてなお、私たちの中に根強く存在する既存より新築という価値観について考えることに他ならない。

地震予知

一九八一年、耐震性能の向上を目指して、いわゆる「新耐震設計法」が導入された。これによって、構造のありようは大きく変化し、それ以前に設計された建物との相違は歴然たるものとなった。少なくとも、建築関係者の多くがその様に考える状況となった。これを予期して、それに先だつ四年間に、耐震診断基準と改修設計指針が構造別に順次示され、既存建築の是正誘導が試みられたが効果は上がらなかった。今日においてなお、構造上既存不適格（一般には、既存不適格）という法律用語が残る所以である。以来、私たちは何時襲ってくるか分からない災害を、その安全性に確信を持てない建物の中で迎えなければならないという現実を前にすることになった。

灰燼に帰した国土を原点に、ようやく走り出した戦後、自転車操業の常として、営繕のために立ち止れば倒れてしまいかねない時代があった。高度成長期とは、まさにその様な時代であった。建て替えは常に品質の向上であり、建築を更新する術としてスクラップアンドビルドこそが最善の手段であった戦後の日本社会にとって、いまだ経済寿命の尽きない既存建築の耐震性への不安は、予期せぬ難問となった。

一方、戦後の地震予知の研究は、一九六二年、地震学会の研究者などが中心になって作成した地震予知研究計画の提言「地震予知――現状とその推進計画」に始まった。その後、一九七六年に発表された東海沖地震説は、国会でも論議を呼び、事態は急速に進み、一九七八年、「常時監視」によって前兆を捉え「警報」を発令して災害を軽減しようという「大規模地震対策特別措置法」が制定されるに至り、研究者の意図に反して、一般には予知が実用段階に入ったかの様な印象を与える事態となった。すなわち、次の地震は、東海沖で起こりそれは予知できる可能性がある、そういう認識が広まっていった。地震予知が実現し、事前の避難が可能になれば、既存不適格建築物は、ただちに是正すべき不良資産ではなく、従来通り経済的寿命に合わせてスクラップアンドビルドによって更新していけば良い通常資産と見なしうるのではないか。少なくとも東海沖からの距離に比例して安堵感は大きくなり、改修への意欲は低下していった。誰も直接言及しなかったにもかかわらず、地震予知を前提とした楽観主義は社会的共通認識となり、次第に思うにまかせぬ既存建築の是正を棚上げする暗黙の口実となっていった。神戸の震災の衝撃とその後の混乱が明らかにしたのは、そういう実態であった。

では、「地震予知」に最も期待を寄せたであろう地域、すなわち、最も東海沖に隣接した静岡県は、この間どうしていたのだろうか。

既存是正

一九七六年の東海沖地震説は、静岡県にとっては青天の霹靂であった。しかし、その後の対応は実に迅速だった。県庁内に地震対策班を設置すると共に、「新耐震設計法」に先だって「耐震診断基準・耐震改修設計指針」の策定を手がけていた梅村魁に、建物の地震対策について助言を求めた。梅村魁は当時の様子を「静岡県よりのお話は、今までに蓄積された構造実験、解析を二軸とする研究および地震災害などの調査によって得られた成果を直接的に社会に還元する機を提供して戴くものと判断し、(財)日本建築防災協会内にSPRC委員会を組織し、静岡県における東海地震を想定した防災対策、とりわけ鉄筋コンクリート造建築物の耐震診断と耐震補強を軸とする地震対策に対して助言ならびに技術的な指導の一端を担うことにした」[▼1]と述べている。

委員会は、県庁各課および静岡県の建築設計事務所関係者の協力を得て、一九八八年末までに、公共建築を中心に七〇〇余棟の耐震診断・判定を完了し、引き続き、ただちに補強の必要な建物

Fig.31 『耐震補強事例集』の表紙

の補強計画について助言・指導を行い、一九九二年までに五〇〇余棟の補強を完了した。この間、一九七七年には、県民の大半（おおむね八五％）が居住する木造住宅の耐震実験、二四〇〇棟に及ぶ県有建築物の調査、市町村有建築物一六三八棟、民間保有建築物二七〇棟の耐震診断を実施した。「新耐震設計法」と「耐震診断基準・耐震改修設計指針」という組み合わせは、新築建物の設計と既存建物の診断・改修が、地震対策として分かちがたいとの認識から生まれたものである。したがって、委員会の活動はこの「指針」に沿ったものであったと書けばそれまでということになる。しかし、これでは最先端の研究者が、耐震改修という営繕仕事に取り組んだ意味が伝わらない。個別の、しかも危険地域に建つ具体的な建物の診断と補強に踏み込んだ委員会の姿勢を伝えるには不十分である。

『耐震補強事例集』に示された事例は、今日、どれも広く使われているきわめて汎用性の高い手法ばかりである[Fig.31, 32]。汎用性の高い手法に終始した経緯は、彼らがある種の確信をもって取り組んでいたことを示唆しているのだが、まずは委員会が、いまだ新しい構造の提案こそ価値ある創造行為であるとの認識の強い時代に、無名の既存建築の診断と補強に取り組んでいた点を確認して先に進みたい。

当時、高度成長期の現場打ち鉄筋コンクリート造建築

Fig.32　事例集に掲載された耐震補強工事の写真

のコンクリート強度への不安は決して小さくなかった。この点は、近年、しばしば指摘されているところであるが、それ以前から現場関係者にとっては苦い記憶であった。湿式構法ゆえの不安は、既存建築の耐震診断と補強という作業が、演繹的な論理だけでは実施しがたい可能性があり、個別解を積み上げるという帰納的な姿勢と一体化されてようやく有効な施策たりえることを示している。しかし、個別の取り組みの過程では、常に、所有者の責任や、施工者の瑕疵という答えの出しにくい問いが見え隠れする。補強工事は、時として、高度成長期の裏面史を辿るような作業でもあったはずで、その時代を知る現場関係者なら投げ出したくなる様な惨状も決して少なくなかったはずだ。ＳＰＲＣ委員会は、この現実とも正面から向き合わなければならなかったはずである。

静岡県で、耐震診断と補強が広がりを持ちえた背景には、東海沖という震源との距離と共に「指針」という総論の作成に携わった者が、各論にあたる個別の是正作業に実際に踏み込んだことが大きな原動力となっている。今日においてなお、既存改修への提案が、しばしばスクラップアンドビルドに変更される背景には、耐震補強という営繕行為に対する不安と共に、既存よりも新築という価値観が根強く存在する。正確には、建て替えは常に品質の向上であるという高度成長期の希望的観測が、今も生きている。しかし、営繕論の側から見れば、それは、灰燼に帰した都市の復興の過程での前提で、今日の客観的な状況ではない。そして、こうした過去の認識を是正できない限り「希望の建設・地獄の営繕」という構図は変えられない。

委員会は、何時襲ってくるか分からない震災と、すべてを建て直すことなど到底できないという現実を前に、実務的な最適解を明確に示す必要があり、それは、汎用的で一般的な解でなければならないという強い意志を持っていた。そうでなければ、実用性の高い手法による大量是正という対策の実現は説明できない。それは、大量に運び込まれた救急患者を前にした現場の医者の取り組みに近いもので、決して理想的な環境における理論的な見解の表明ではなかった。そして、だからこそ、強い説得力を持ちえたと考えるべきだろう。

委員会の活動期間は、あの「バブルの時代」と無縁ではない。現実の問題として取り組まねばならなかった当事者の姿勢は、時代の醸し出した雰囲気とはまったく無縁な、地に足のついた泥臭いまでの現実論であった。

汎用技術

対地震という思考の過程では、どうしても強度が優先する。一方、構造体の主要な性能は強度だけではない。もう一つ耐久性という、より複雑で把握しにくい性能がある。強度が実験によって確認できる確実な性能であるのに対して、耐久性はシミュレーションによって予測することしかできない不確実な性能だからである。

事例集に掲載された多くの学校建築は、ゼロからの出発を余儀なくされた戦後の高度成長期に、不十分な予算を前提に、最大限効率的に設計された、いわゆる標準設計に基づく軀体である。そして、その学校建築の多くが、その後、強度が不十分であると判断された訳であるから、実験によって確認できる性能といえども、襲来の時期も規模も予測しがたい地震に対しては、多くの場面で不十分であった。そもそも時期も規模も未定の劣化要因に常に備えるというのは工学技術には馴染まない要請である。いわんや、より不確実な性能である耐久性が充分に配慮されてきたとは考えにくい。明治に建設された初期のRC造の中に、いまだ健在な建築が存在するのは、当時の技術が今日より優れていたからではない。それが、導入期のパイロットプロジェクトとして慎重に建設されたからに他ならない。

一般に、工業化を糧とする高強度化は、多くの場合、耐久性を奪う傾向がある、少なくとも、強度と耐久性の間には負の相関関係がある。特に、軽量化が顕在化すると、その傾向はより顕著になる。私が、高強度化による軽量化よりも、断面の維持に可能性を見出す所以である。新しい技術が、判で押した様に高性能高耐久を掲げて登場してきた背景には、この懸念を払拭しようとの強い意欲があった。たとえば、レコードからCDへの移行の折に「デジタル化された音は劣化しないし、光は針の様に音源を痛めない」という説明が高性能高耐久の根拠として語られた。では、それによって、高性能高耐久を同時に獲得しえたかと言えば、それは怪しいと誰もが思っているはずだ。汎用化されれば、もはや両者は併存しえないというのが私たちの経験だからである。

これを近代の、いや近代日本の宿命と諦めるか、工業化の所産と捉えるか、あるいは手抜き工事として片づけるかは、大いに議論されるべきところである。もちろん、ミスや手抜きは糾弾されてしかるべきだが、近代技術、特に量産を糧とする高性能工業製品に関する問題は、それだけでは解決しない。近代技術を糧とする以上、建築における高強度高耐久という売り文句も難しい問題を抱えていると考えるべきだろう。

むしろ、より一般的な問題として、日本が地震大国であったことが、耐久性よりも耐震性への依存傾向の強い建築観を生み出し、それが戦後の高度成長下で実現した高度工業化技術と結びつき、高強度軽量化を顕在化させたと見る方が適当ではないかと思う。したがって、近代全体の問題ではあるが、戦後日本の問題として捉える方が現実的だろう。

汎用技術とは量を担った技術である。量を担った技術は、それがパイロットプロジェクトであった時には顕在化しなかったいろいろな問題や瑕疵を露わにする。そして、その技術がまさに量を担ってきてしまったということであれば、それを技術的限界と捉え、最終的には社会全体で受けとめる以外に方法はない。ここにパイロットプロジェクトと量を担った技術の違いがある。

一九九五年、神戸の震災を契機に施行された「建築物の耐震改修の促進に関する法律」は、既

RENEWAL NEWS
15
注目されている霞が関ビルリニューアル工事
より豊かな快適環境の実現へ向けてスタートした霞が関ビルリニューアル工事。超高層ビルの大規模な工事ということで、各界から注目されています。今回のリニューアルニュースでは、今年、新聞などで取り上げられた記事を集め、その主なものを皆さまに紹介します。
情報化対応へ大改修
霞が関ビル
300億円かけ内装一新
霞が関ビルディング
高さから質へ
大改造スタート
三井不の霞が関ビル
6月中旬 仮設ビル着工

Fig.33　霞が関ビルリニューアル工事に関する新聞記事

存不適格（特に特定建築物）について、診断と改修に努めなければならないと規定しているが、その主体は、行政でも設計者でも施工者でもなく、所有者になっている。この条文は、社会全体で受けとめるとは、所有者の自己責任に帰する以外にないとの見解を糧に書かれている。もちろん、自己責任の対象は耐震性に留まるものではない。

戦後日本で最初に地震の危険を指摘された静岡県が、この法律施行の四半世紀も前に出した結論も、自らの責任でなんとかする以外に策はないというものであった。話は異なるが、時を同じくして行われた日本で最初に建設された超高層建築である霞が関三井ビルの大改修にも、同じ様な当事者意識が存在した[Fig.33]。そして、「日本で最初」という接頭語は、両者共パイロットプロジェクトであった事実を示している。両者は、一見、無関係の様にも見えるが、無縁ではない。

一方、両者が改修に取り組んだバブル期には、全国至る所で、実に多くの再開発が行われた。そして、その多くが超高層化を含む再開発であった。パイロットプロジェクトではなく一般解としての超高層である。林立する超高層は、超高層建築を支える技術も、今や量を担う技術に近づきつつあることを示唆している。もちろん、問題はRC造と超高層に留まるものではないはずだ。

建築の更新や質の向上を、今後も、スクラップアンドビルドで実現していくためには、解体と建設のコストを、延面積を増やすことで賄いうるという前提と、リサイクルを含む廃棄物処理が必須となる。これがかなわないなら、建て替えを前提として建設された建築といえども、その維持に取り組まなければならなくなる。しかし、ここでも、工業製品の買い替え需要が、例外なく軽量化、すなわち、省資源化を糧として喚起されてきた事実に注目する必要がある。建て替えが、部分的にせよ、瓶型から缶型への転換を含む以上、それは、軽薄短小なエレメントがより支配的になる事態を招来するからだ。

一方、建築は、汎用技術を糧とする限り、正確には、そうせざるをえない以上、耐震性を、高強度よりは、汎用強度での断面拡大で対応せざるをえない環境にある。前章で述べた様に、私たちは一貫して缶よりは瓶に近い論理で構造体と向き合ってきた。正確には、そうせざるをえなかった。だからこそ、既存建築の営繕には、思いのほか大きな可能性があるのではないか。私は、そう申し上げたいのである。

予知に頼らないあり方

一九九九年一月、地震調査研究推進本部の政策委員会は、以後一〇年間の地震研究の進め方を示した新しい長期計画案を纏めた。それは「予知に頼らない防災技術の開発」を今後の重点目標とするというものであった。一九六二年の「地震予知——現状とその推進計画」には「地震予知がいつ実用化するか、すなわち、いつ業務として地震警報が出されるようになるか、については現在では答えられない」[▼2]としたうえで「しかし、本計画のすべてが今日スタートすれば、一〇年後にはこの問いに充分な信頼性をもって答えられるであろう」[▼3]と書かれていた。一九九七年、地震予知計画を策定してきた文部省測地学審議会は、この部分を捉えて「「一〇年後にはこの問いに充分な信頼性をもって答えられるであろう」としていたにもかかわらず、三〇年後の今日なお予知の実用化の見通しが立っていない」[▼4]との認識を明らかにし、新しい長期計画案を纏めた。

研究者の方は、日本は地震国であり、問題が直接国民の生命・財産にかかわる事柄である以上、潤沢な予算が確保されるべきものと考えていたし、それが「一〇年後にはこの問いに充分な信頼性をもって答えられるであろう」という一文の前提であったに違いない。そして、それでも末尾は「であろう」という予測であった。これに対して行政の側は、可能性のために潤沢な予算を継続的に確保することは困難であり、単に継続的に確保するだけでも、可能性が限りなく実用に近づいていく必要があるとの認識であったと推察される。ここに齟齬があった。まさに「近代のオプティミズム」の所産と呼ぶべき事態の招来であった。

「三〇年後の今日なお予知の実用化の見通しが立っていない」という自己批判は、政策側が、自らの過去を清算する覚悟を明らかにしたと考えるべき言説なのだが、それを受けとめねばならない側から見れば、予知の困難さは「想定」していたが、震災後を想像することができていなかったと言うことになる。これを、繰り返される先生の失敗と嘆くか、先生への依存から脱却できない私たち自身の問題と捉えるかは、意見の分かれるところだろう。いずれにせよ、神戸の震災が明らかにしたのは、地震予知は可能性であって実用技術ではなかったという事実であり、それゆえの現実であった。そして、以来、あらゆる都道府県が、一九七六年の静岡県と同じ状況に直面している。

一方、一九九〇年代に表明された超超高層への意欲を、一九六〇年代の様な趣旨で、次世代を担う建築技術として捉えることは難しいとの印象である。もちろん、その後も超高層化自体が止まった訳ではないし、超高層の建て替えも現実化しつつある。しかし、超高層の建て替えが顕在化し、超超高層ビルの建設が、汎用レベルで加速化しつつあるとの印象はない。この背景には、超高層が汎用化の過程で露わにしたモラルハザードがある。もともと環境への配慮を旗印に、正確には、私たちが自ら標榜した最大容積率一〇〇〇%の堅持と公開空地の実現という大前提を、その汎用段階において、私たち自身が自ら逸脱し、超高層化を容積拡大の手段として利用してきたからである。換言すれば、超超高層化が実現しても、私たちが、そのビジョンを、自らの手で限りなく形骸化させるであろうことをすでに理解してしまっているからだ。一般論として、超高層をスクラップアンドビルドによる更新の対象とすべき説得力のあるビジョンは見出しがたい。逆に、超高層こそ、最も工業化された建築であり、より缶に近いと考える方が自然かもしれない。実際、比較的短期間で超高層が建て替えられつつあるとの印象も拭いがたい。超高層化が、今後も「希望の建設」たりうるかについては疑問も少なくない。ならば、既存ストックの維持が、今後も「地獄の営繕」で良いのかという疑問もあってしかるべきだろう。

ところで、汎用技術を用いる限り、長期的な瑕疵の責任は何人も負いえず、結果として所有者の自己責任とせざるをえないという現実は、しかし、建築家も施工者も、瑕疵から解放されたということではない。解放されたのは、つくってしまった責任からで、これからつくるものに対する責任からではないからだ。しかも、交渉相手は、責任を押しつけられた形になった所有者である。所有者の自己責任という事態は、建築家の表現者としての側面のみならず、職能家としての側面に対しても決して好意的ではありえない。むしろ、より冷酷だといった方が事実に近いだろう。職能家としての姿勢や発言に対して、常に「責任の所在」を問われることになるからだ。もちろん、こうした問いは、なにも今に始まったことではない。しかし、近代初頭や、戦後の高度成長期においては、少なくとも啓蒙家や前衛としての自負は堅持できたし、そこにささやかながら救いもあった。バブルの崩壊と神戸の震災を経験し、さらに、東日本大震災の被害を目の当たりにした今日、そのどちらももはや過去の記憶にすぎない。私たちは、想像以上に大きな痛手を負っている。

今や、建築表現の可能性に懸けるなら「表現の自由」以外に、依って立つ基盤はないかに見えるし、社会的役割に対して誠実であろうとすれば、施主の権利擁護以外に立ち位置は見出せないかにも見える。しかし、自らの基盤が失われてしまうのではないかという危機は、本来、それを放棄すべきであるということとは正反対の要請の存在を示唆している場合が多い。むしろ、新しい空間創造への意欲や、職能者としての責任感の基盤に、表現の自由や発注者の擁護以外の何ものも見出せないなら、今度こそ所有者から退廃的でモラルハザードを厭わない専門家と見なされるだろう。

創造と維持

高度成長期に限らず、日本近代の多くの時代を通して、建築の維持は営繕仕事と呼ばれ、新築よりも一段低く見られるのが通例であった。工学分野に限らず、近代社会においては、維持していくことよりも新たに創り出すこと、あるいは発見することの方が価値のある仕事であり、やりがいのある分野であった。こうした価値観は、今日においても大きく変わっていないし、必ずしも間違ってはいまい。しかし、同じ近代にあって、同じ人間社会を対象としながら、創造には見向きもせず、ひたすら営繕に献身してきた分野もあった。それが医学である。医学は、いかにして人間を創り出すかではなく、いかにして命を維持していくかに全精力を傾注してきたからだ。そのおかげで、私たちは近代一五〇年余の間に、おそらく二倍近く長寿になった。

その医学が、人間を創造できるかもしれないという報道が世界を駆けめぐった時、多くの人々が懸念と嫌悪の感情を露わにしたが、この事実は「維持」と「創造」の主従関係の転倒がいかに衝撃的なものであるかを理解するうえできわめて説得力を持った事例である。私自身は、医学が創造的になることを望まないが、そうした事態に直面している事実は受けとめざるをえないし、私自身や家族が死に直面した時に、どこまで常識的な認識を持ち続けられるかについて確信はない。

一方、建築の分野においては、一九九〇年代に入って改修市場が急速に広がり、近年に至って、リノベーションが新築に代わって表舞台に躍りでた。建築においても主従関係の転倒が起こっている。この転換のもたらす衝撃はその深さにおいて、医学に遠く及ぶまい。しかし、建築界にとっては充分に大きな衝撃のはずで、この点についての私たちの認識はいまだ充分ではない様に思う。市場の規模が新築から中古へ、スクラップアンドビルドからメンテナンスへと移るといった単純な話ではないからだ。本書の目的の一つは、実にこの衝撃の客観化でもある。この衝撃こそが「地獄の営繕」と呼ばれる状況の根本的な転換の契機となるからである。換言すれば、建設から営繕への転換の渦中にありながら、「地獄の営繕」との認識が深まる背景には、「希望」としての役割をすでに終えつつある建設への無理な期待が存在するのではないか、誤解を恐れずに申し上げれば、新しい建築に対する非現実的なまでに高い期待と、営繕の現実との落差ゆえの「地獄」なのではないか、そう考えているからだ。もちろん、次の地震で崩壊するかもしれない建物を、その危険を完全には払拭できない状況下で使い続けなければならないという事態に対する混乱も、この衝撃の一部と考えるべきだろう。

使い続けることの責任が、所有者に課せられることになった背景には、そうした責任は、専門家ではなく所有者自らが担う以外にないという判断がある訳だが、考えてみれば、これは自己責任という、ごくごく一般的な原則にすぎない。専門的な知識を持たない人間が、所有者あるいは受益者であるという理由から最終的な判断や責任を強いられる事態の方が一般的だからである。たとえば、電力会社の社長が、常に電気や原子力の専門家である訳ではない。現に、福島第一原子力発電所の事故が起こった時の東京電力の社長は、原子力の専門家ではなかった。

耐震診断と補強の指導は技術的な問題である。しかし、所有者の所得規模や建物使用者の日々の営みを勘案し、さらに他の災害、たとえば火災や防犯に配慮しつつ、限られた予算を適切に配分するといった決定を、技術者にすべてまかせられるかと言えば、それは難しい。安全性の相対化を前提とした、最も重要な、そして避けがたい判断こそ、所有者が自ら行う以外にないからだ。技術者は多くの場合、関係者より客観的な見解を提供できるが、それはあくまで見解にすぎない。客観的とは、自己責任という主体的な取り組みとは異質である。主体的に取り組めば責任は免れない。ならば、それは所有者でなければならない。静岡県とＳＰＲＣ委員会は、この問いとも向き合っていたはずである。

鉄筋コンクリート造に限らず、量を担った技術の瑕疵については繰り返し指摘されてきたし、そのつど、瑕疵責任の追及と共に新しい技術の必要性が議論されてきた。しかし、すでに述べた様に、この指摘は必ずしも的を射ていない。指摘されるべきは、新しい技術は常に瑕疵を内在しているという点であり、かつ、その技術が新しく、多くの期待を託しうる場面では、それはパイロットプロジェクトであって、したがって、瑕疵は生じにくいという事実である。さらに、汎用化の過程で現れる問題点にも、人々はしばらくの間、目を瞑る。大切なのは、むしろ、瑕疵がおおむね明らかになった段階で、その瑕疵を、私たちが許容できるかという点の方である。ちなみに、私たちは、木造の瑕疵は受けいれたが、組積造の瑕疵は受けいれなかった。話は飛ぶが、今、原子力は、その岐路にある。

第

7

章

美と壮麗

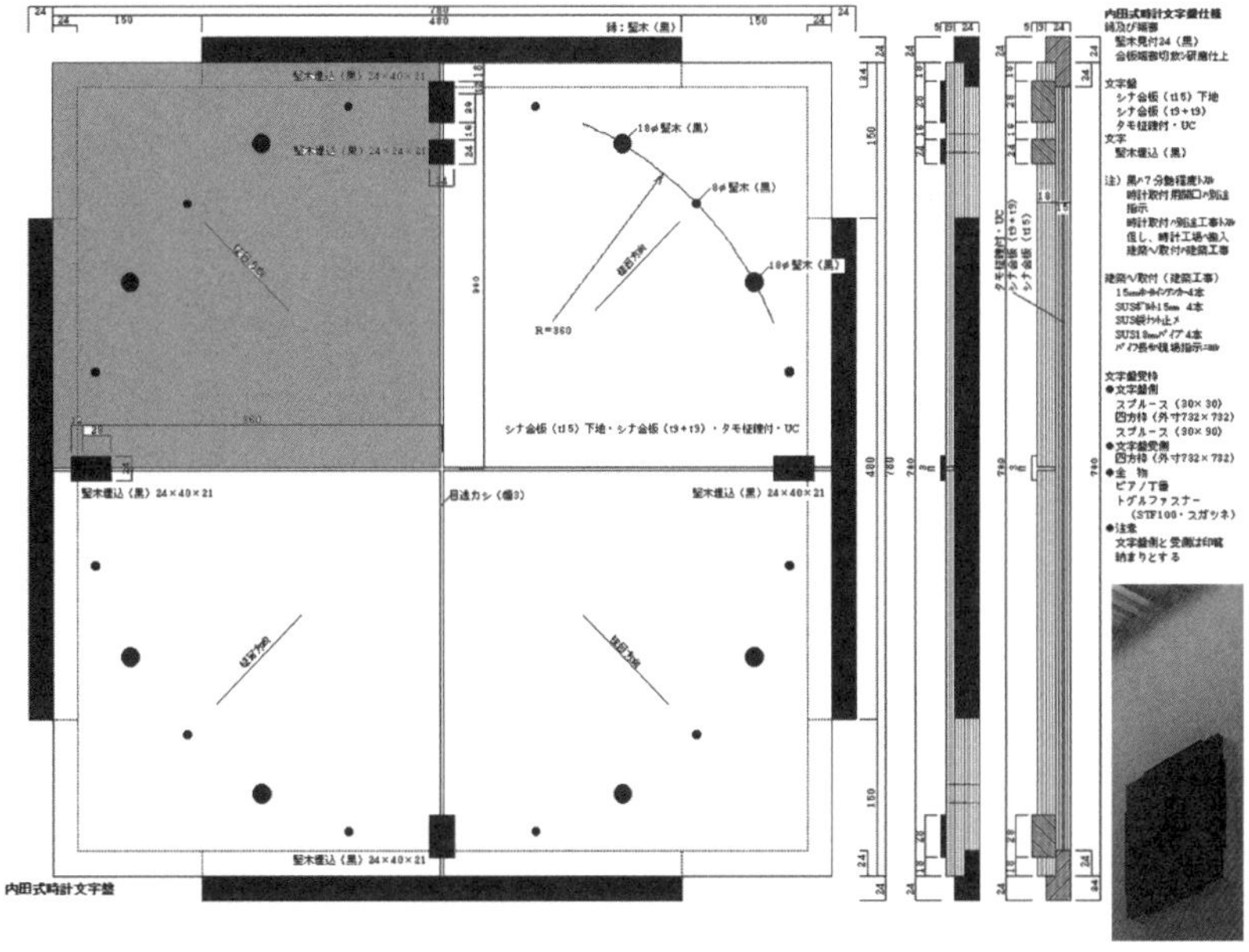

Fig.34　東洋大学人間環境デザイン学科実験工房（時計）

たとえ修繕に重きをおく営繕であっても、それが繰り返されると、当然のことながら、部分と全体の関係が、それまでとは異なったものになる。竣工時の建物のありようをその建物のあるべき姿と捉えれば、その全体像が徐々に損なわれるからであり、逆に修繕後の姿に重きをおけば、常に新しい姿が形成されるからである。私は、現代建築の営繕においては、部分と全体の関係が、「希望の建設」の時代のそれとは大きく異なるものになるはずだと考えている。

ディテール論

現代建築は、今や、技術的にも機能的にも表現的にも、きわめて多様なエレメントが、複雑に組み合わさった機械であり、装置であり、そして空間である。むしろ、あらゆる点で、整理しきれないまま積み上がった不完全な機械であり、装置であり、空間であると言った方が事実に近いかもしれない。この多様で複雑な関係は、ビルディングエレメント同士の間にも存在する。建築という全体に対する各エレメントのありよう、あるいは各エレメントの関係を、ディテールと呼ぶ。そして、部分あるいは、部分と全体の関係性について論じることを、一般にディテール論と呼ぶ。

こうした位置づけを明らかにしたうえで、本章では、部分と全体の問題について少し考えてみたい。営繕を考えるうえで、あるいは、保全性の側から信頼性を考えるうえで、エレメントの交換と、その位置づけの議論は、必須だからである。誤解を恐れずに申し上げれば、営繕においては、エレメントの交換可能性こそが、その建築の持続可能性を担保していると言っても過言ではない。

英語やドイツ語の「detail」をカタカナで表現したのが「ディテール」であるが、日本語のディテールの源はやはりドイツ語の「detail」だろう。とは言え「ディテール」という言葉自体は、外来語をカタカナにした単語にすぎない。この言葉の成立によって、間違いなく新しい概念が日本に移入された訳だが、「detail」と「ディテール」は同じ意味かと言えば、必ずしもそうではない。「ディテール」という言葉は、日本が「detail」を移入する過程で、もともと日本に存在した類似概念、たとえば、「納まり」や「継手仕口」といった大工用語の意味を継承しつつ、私たちがつくりあげた、あるいは、気がつくとできあがっていた日本の建築用語だからである。この点は「リノベ」も同様だろう。したがって、今日の「ディテール」は「detail」とも「納まり」や「継手仕口」とも異なったニュアンスを持つ現代建築用語である。

少なくとも、木造を糧としてできあがった「納まり」や「継手仕口」と、組積造を糧としてできあがった「detail」とは、元来異質であったはずだし、その「detail」を工業化の過程でヨーロッパ自らが換骨奪胎してつくりあげた、あるいはその様な経緯を経てできあがった近代的な「detail」と、その後を追う形で近代化を急いだ日本で成立した「ディテール」が同じものであるはずはない。さらに、共通性が高いと思われる近代化あるいは工業化の部分においてさえ、たとえば、耐震性や防水性能などに相当の違いが存在すると考えるべきだろう。このあたりに、家電や自動車の様な世界市場を股にかける工業製品と、基本的に移動を前提としない不動産としての建築の大きな違いがある。

こんな見解もある。建築に限らず、あらゆる造形の把握では、全体から細部へと向かう視線と、細部から全体へと向かう視線が交錯する。私たちは、両者を渾然一体化して制作し鑑賞する。しかし、その内容を多少なりとも客観的に説明しようとすれば、渾然一体化した視線をいったん解きほぐす必要がある。この作業はきわめて難しく、語り手はその全体像を詳らかにしようとしているにもかかわらず、必ずしもその様には伝わらず、読み手には、全体から細部あるいは細部から全体のどちらかの視線からの分析として受け取られがちである。その結果、語り手と読み手の間に、誤解が生じることも少なくない。しかし、ここで申し上げたいのは、そのこととの問題ではない。そうではなくて、誤解は常に避けがたく、むしろ、その誤解こそが新しい視点を切り開く契機になるという事実の方である。

矢代幸雄のディテール観

ここで取りあげるのは、美術史家、矢代幸雄が「サンドロ・ボッティチェルリ」という研究論文の中で採用した論証方法である。高階秀爾によれば、それは、矢代が採用するまで、誰も用いなかった新しい手法であった。

高階は、この点について、

矢代のもうひとつの大きな貢献は、ボッティチェルリの芸術の特性を明らかにするために、細部の重要性に着目し、多くの部分図版を使用して論証を強化したことである。今でこそ画集や美術書に部分図を使うことは珍しくもなんともないが、西洋では（特殊な場合は別として）、矢代幸雄がそれをするまで、誰もそのことを考えつかなかったのである。事実矢代の畏友ケネス・クラークも、『タイムス文芸付録』（一九七五年八月二三日号）に寄せた追悼文のなかで「絵画作品の部分写真を大量に使用したのは矢代が最初であった」と述べている。

細部を重視するこのやり方は、全体把握よりも部分描写を得意とする日本人の「特質」に由来するものである。というよりも、矢代は、自らの感性に導かれてボッティチェルリ研究を進めて行くうちに、自己の感性のなかにひそむ日本的特性に気づかされたのである。そのことがやがて、「世界に於ける日本美術の位置」の考察に行く。細部の重視のみならず、その他の日本的特性も、実は『ボッティチェルリ』のなかでひそかに眠っている。それがこの本を西欧にとって意義あるものとしていると同時に、それらが目覚めて理論的考察が加えられた時、『日本美術の特質』が生まれて来るのである。［▼1］

と書いている。

「全体把握よりも部分描写を得意とする日本人の「特質」に由来するもの」であるとの一文が直接言及しているのは、描写する側、すなわち日本人画家の伝統的な特質であって、鑑賞者のディテール観ではない。しかし、高階の発言の背景には、同じ文化を糧とする社会では、画家と鑑賞者の特質は、おおむね一致するという暗黙の前提が存在する。もちろん、考えてみればごくごく当然のことではある。しかし、ここで、あらためて確認しておきたいのは、そうした一致が、近世から近代へ、そしてさらには現代へと継承されてきたという前提の方である。すなわち、日本人のディテール観が、歴史的のみならず、現代においてなお、西欧に比べると、部分と全体の結びつきが希薄な中にあると、高階が指摘している点の方である。

たとえば、「サンドロ・ボッティチェルリ」の「第二部　感覚的ボッティチェルリ」の各章には、

ボッティチェルリの花の取扱い

ボッティチェルリの人体の取扱い

ボッティチェルリの毛髪の取扱い
ボッティチェルリの衣装の取扱い

といったディテール論が並んでいる。

「ディテール」が、今日においてなお、「detail」よりも、全体のための部分という概念がいささか希薄な背景には、以上の様な経緯が存在するのかもしれない。もちろん、これを近代化の不徹底と捉えるか、より自律的な戦後日本の特質と捉えるかは、議論が分かれるところだが、ここでは、それらを区別せず「ディテール」のインタラクティブ性と捉えるに留めたい。当然のことながら、「interactive」ではなく敢えて「インタラクティブ」である。

もちろん、「ディテール」をいかに自律的に扱おうと、所詮は全体の一部である。

矢代自身、

美しい細部を撮した写真をふんだんに入れたからといって、私のボッティチェルリ評価が可憐な装飾的断片のみにあると即断してはいけない。[▼2]

と書いている。私たちには、私たちなりの全体像なるものが存在する。しかし、あらかじめ全体の一部としてデザインされた「ディテール」と、多少とも自律的な部分を持つ「ディテール」とを比較すれば、後者の方が、いささかなりとも自由な雰囲気を感じる点に異論はあるまい。自由であれば、結果的に、全体に対して多少なりとも主張する姿勢が感じられるはずで、必然的に、より双方向的な印象を与えるはずだ。私が、インタラクティブと申し上げた意図と、カタカナで書かれたディテールという言葉に注目した理由がここにある。

何を全体と考え、何をディテールと呼ぶかによっても多様な議論が可能である。考え始めればきりがないが、本章では以下の四点について考えてみたい。最初に、部分が自律的に扱われる背景の一つに、分業と相互不介入という視点が存在する事実を指摘し、示唆的な事例を一つ取りあげる。次に、歴史を全体、現在をディテールと考える視点から、歴史的建造物の修理について、さらに、都市を全体、建築を部分と考える視点から都市と建築の関係について、最後に、部分がきわめて自律的に扱われた結果、より都市的に見える建築について検討し、現代社会の営繕において、インタラクティブなディテール、あるいはインタラクティブにディテールを考えることの重要性を明らかにしたい。

分業と相互不介入

双方向というと、活発な議論を背景にして初めて成立するかの印象を持つが、必ずしもそういう意味ではない。これは、横浜美術館で行われた東山魁夷の展覧会（二〇〇四年）を紹介したチラシ

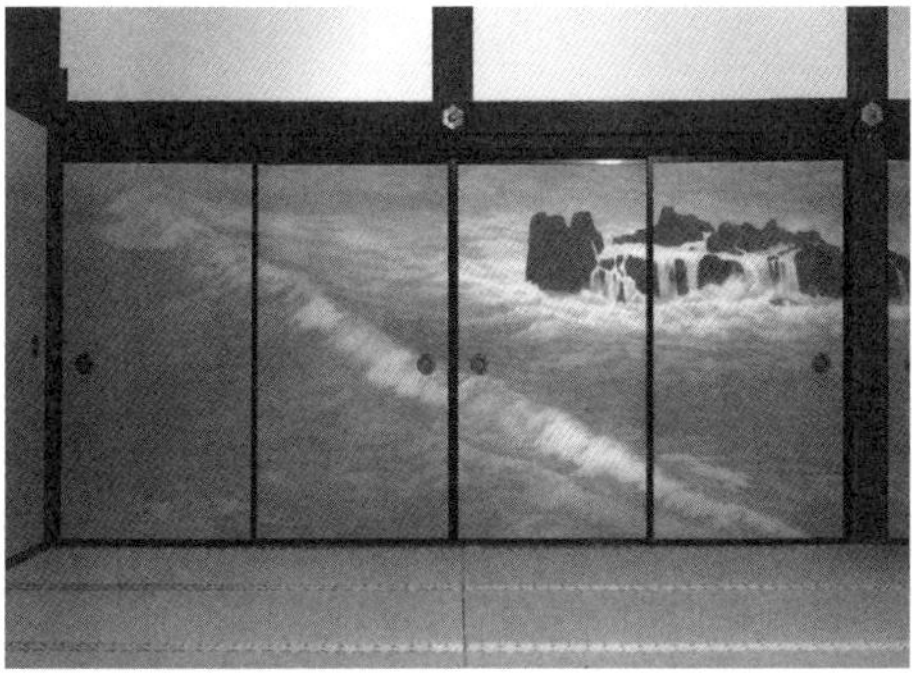

Fig.36　唐招提寺御影堂の襖絵

Fig.35　横浜美術館での「東山魁夷展」チラシ

である[Fig.35]。描かれているのは、唐招提寺御影堂に納められた障壁画《濤声》(一九七五年)の下絵の一部である。このチラシを取りあげた理由は、襖の框と引手部分が描かれていない点、すなわち、框《かまち》と引手に対応する部分が、白抜きになっている点を指摘したかったからである。白抜きとは、白く塗られているということではない、白地のまま残されているということである。あらかじめ確認しておくが、白地の部分は描かれてはいないが、そこにも風景は存在する。ガラス戸を閉めた室内から風景を眺めた時に、框によって風景が切り取られるのと同じ原理である。その完成品がこちらの写真であるが、画家にとってこの部分が帯状に失われることが、歓迎すべき前提であったかと言えば、決してそうではなかったはずである[Fig.36]。むしろ、襖絵とはその様なものであるとあらかじめ受けいれたうえで描いていたと言った方が事実に近いだろう。もう一つ、白抜きの帯や円は、白い縁を示唆したものでも、白い引手を指示したものでもない。画家は、白地を残すことによって、その部分を白紙委任している。もちろん、縁の見付と引手の直径は示されているかに見える。しかし、その寸法も決して画家のデザインとは思えない。では、縁や引手は、まったく別の視点から決められたかと言えば決してそうではない。ここは書院である。襖の縁も引手も、あらかじめあるべき姿が定められている。画家がなにも言わなければ、定めは守られる。換言すれば、白紙委任は、相手に対する絶対的な信頼を前提に成立していると言ってよいのである。分業による相互不介入は、一見、相互無関心の結果の様に見えるが、実際にはまったく正反対で、絶対的な信頼を前提にようやく成立しているのである。

それが伝統であると言うなら、それを認めたうえで、次の様に申し上げたい。近世ならいざ知らず、現代において画家の力は絶大である。もし、画家が中央の竪框の省略を提案すれば、それは可能であったのではないか。そうなれば、おそらく画家は、框や引手に留まらず、あらゆる部分で、指示を求められたと考えるべきではないか。すなわち、画家がその気になれば、多くの事柄を自ら決めることもできたのではなかったか。しかし、そうした事態は招来せず、安定した穏やかな関係がここにはそのまま残っている。分業における相互不介入は、その成立期においては、制度上の定めであったかもしれないが、現代にはそうした制度が存在しない以上、一見相互無関心の結果の様に見えるが、実は、各職のきわめて高い信頼関係によって、ようやく成立している。そして、その様な意味において、襖という全体と絵画の納まり、それらと引手や框のディテールとの間には、明確な分業が存在する。

歴史のディテールとしての現代

《濤声》の納められた御影堂のある唐招提寺では、金堂の修理が、二〇〇〇年一月から二〇〇九年にかけて行われた。工事期間中、金堂全体をすっぽりと覆う覆屋が建設されたので、この間、私たちは金堂の全景を見ていない。したがって、二〇〇九年に現れた金堂は、実に一〇年ぶりの姿であった。私たちにとって、一〇年という期間は非常に長いが、建立以来、今日までの一二〇〇年という期間に比べれば、きわめて短い期間で、ほとんど一瞬のことである。一二〇〇年に及ぶ金堂の歴史全体に比べれば、今回の修理工事の期間など、ほとんど認識しえない小さなディテールであると言って良いだろう。

Fig.37　唐招提寺金堂

　ところで、この写真は、『初版 古寺巡礼』の「二十三」から転載したもので、唐招提寺金堂を写したものである[Fig.37]。和辻哲郎は、そこで次の様に述べている。

> 軒端の線が両端に至ってかすかにうえへ湾曲しているあの曲がり工合一つにも、屋根の重さと柱の力とを釣合わせる有力な契機がひそんでいる。これは簡単なことのようであるが、しかし

天平以外のどの時代にも、これだけ微妙な曲線は造れなかった。そこに働いているのは優れた芸術家の直観であって、手軽に模倣を許すような型にはまった工匠の技術ではない。[▼3]

実に繊細な観察である。これは、その金堂の立面図である[Fig.38]。重厚な屋根は、確かに、写真の印象と重なる。こちらは、その断面図である[Fig.39]。この屋根は、実は一二〇〇年の間に大きく変化している。したがって、この断面形状は、その結果にすぎない。今、その経緯を、建築史上明らかにされている事実を糧に説明すれば、天平の三手先組のうえに、元禄の屋根がのり、それを明治のトラスが支えているという説明になる。したがって、決して天平時代の「優れた芸術家の直観」によるものではない。和辻の認識と現実の屋根との間には、明らかに齟齬がある。しかし、和辻の発言は、現在の唐招提寺金堂の姿を高く評価したうえで、その根拠を探ったものであるから、その姿が天平のものではないと知ったら評価が翻ったと考えるべきものではない。換言すれば、和辻を感動させたのは、建立当時の軸組と元禄の屋根によって初めて実現した、まさに一二世紀にわたる歴史の精華であったと言った方が事実に近いだろう。東山魁夷のこの絵も、平山郁夫のこの絵も同様の評価を背景にしていると考えてよかろう[Fig.40, 41]。一方、反対の立場もある。たとえば、建築家吉田鉄郎は『日本の建築』の中で「屋根は後世の修復で当初の軽快さを失い、建物の美しい形は損われた」[▼4]と記して現在の屋根を批判している。こちらは、一二世紀にわたる歴史の過程で、当初の美は「損われた」との見解である。

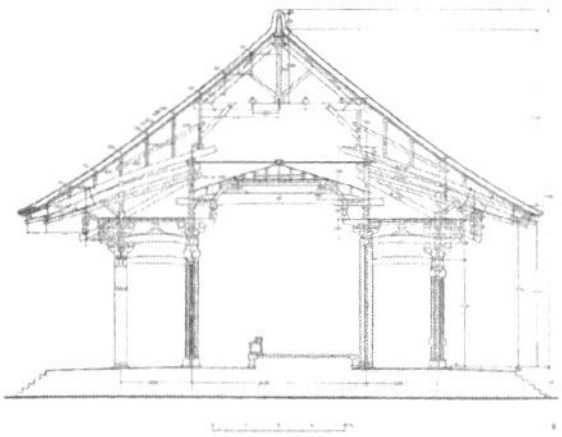

Fig.39　唐招提寺金堂断面図

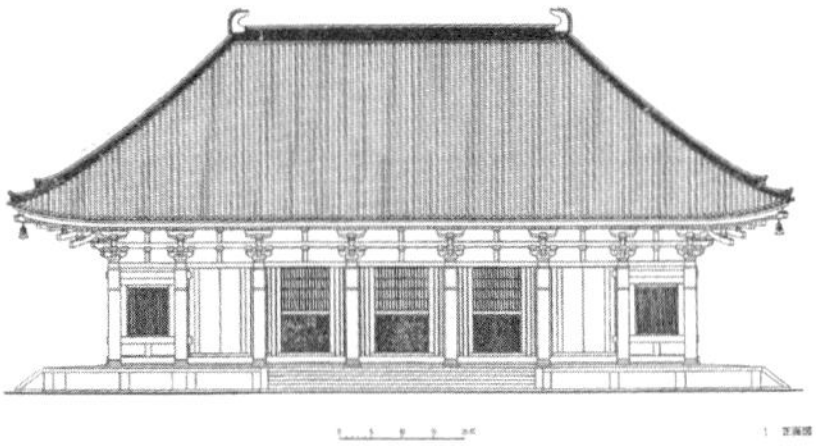

Fig.38　唐招提寺金堂立面図

Fig.41　平山郁夫《唐招提寺の夜》

Fig.40　東山魁夷《唐招提寺月明》

二つの見解は、その評価において大きく異なるが、そのちぐはぐさにおいて大いに通じるところがある。すなわち、和辻が、現在の姿を高く評価することで、結果的に修理の集積を高く評価していながら、そのことにまったく気づいていないのに対して、吉田が、現在の姿を批判することで、結果的に鑑賞することのできる現在の姿よりも、見たこともない当初の姿を想像し、その姿を高く評価しているからである。ちなみに、こちらは、当初の立面図と断面図の復元図である[Fig.42, 43]。竣工当時は、この様な姿であったと推察されて

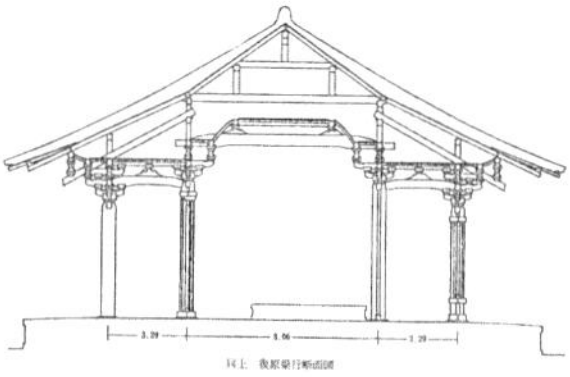

Fig.43　唐招提寺金堂断面図（当初）

Fig.42　唐招提寺金堂立面図（当初）

Fig.44　唐招提寺金堂復元模型写真

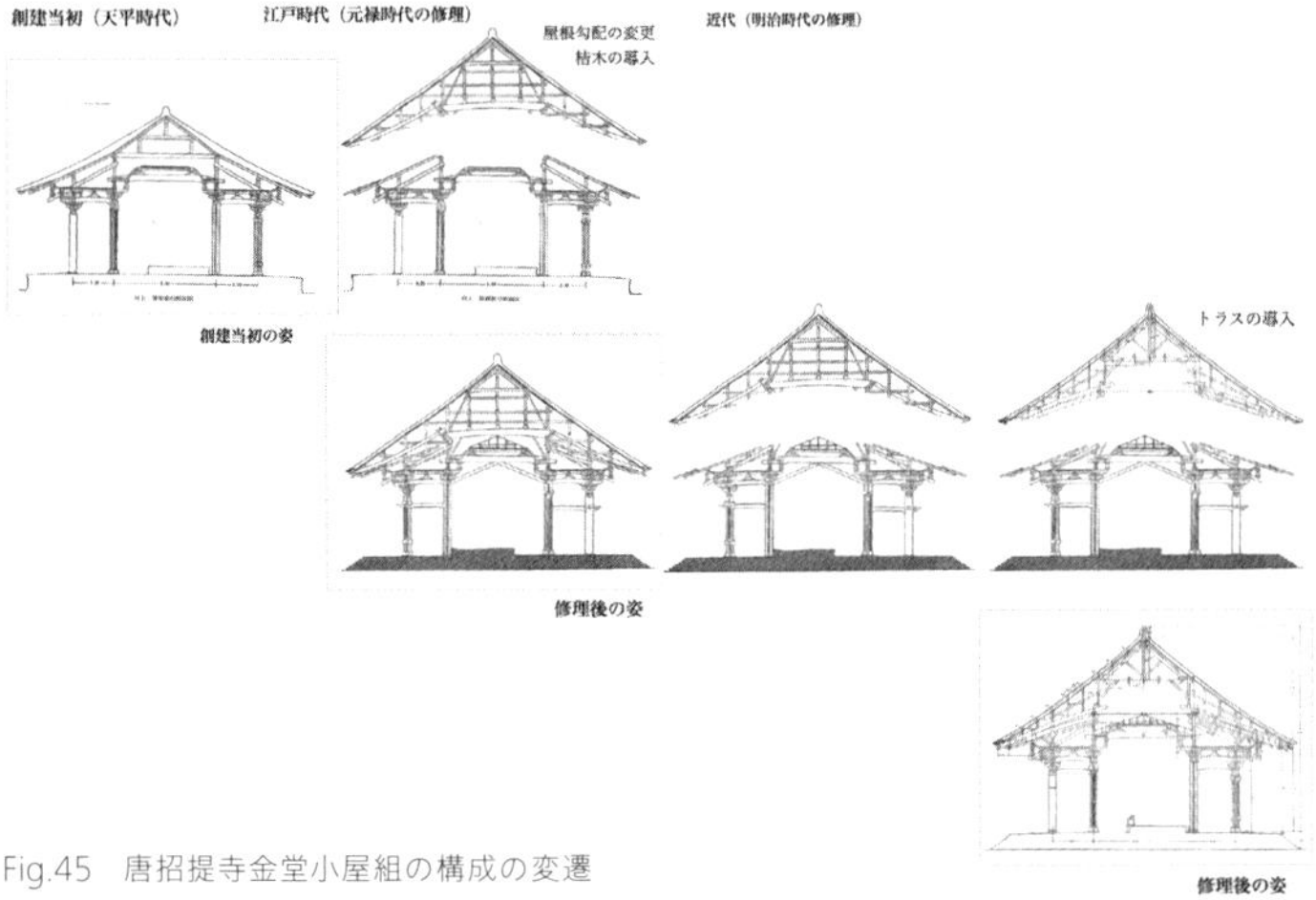

Fig.45　唐招提寺金堂小屋組の構成の変遷

いる[Fig.44]。今、その変遷を、断面図を糧として表現すれば、この様な変遷を辿ったと推察される[Fig.45]。これが、伝統的な営繕の集積を糧とした現在の姿である。

金堂の歴史を全体、今回の修理をディテールと考えた場合、ディテールが全体のための部分であるなら、歴史的建造物の現在とは、そう簡単には変えがたいということになる、一方、ディテールをより自律的に扱うなら、修理を歴史という全体から解放し、一二〇〇年の時空を飛び越えて、当初の屋根に戻すこともできることになる。今回の修理工事が、現在の姿を、修理の集積による変形であると考えれば復元も可能であったはずだ。歴史的建造物の修理とは、歴史という全体と現代の関係が、修理前後の変容の中に明らかにされる行為でもある。私自身は、現在の姿でよいと考えるが、元に戻すべきだったという意見もあるだろう。その様に考えると、修理後の姿は、あるべき唯一の姿というよりは、時系列におけるディテールをめぐる選択の結果ということになる。むしろ、歴史的建造物の修理には、誰かが何らかの形でデザイナーとして介在しているというべきだろう。

「都市と建築」そして「建築と彫刻」

都市を全体と考えれば、建築は、そのディテールとなる。もちろん、通常その様には考えない。都市と建築の間の相違は、規模というよりは分野にあると考えるのが普通だからである。しかし、

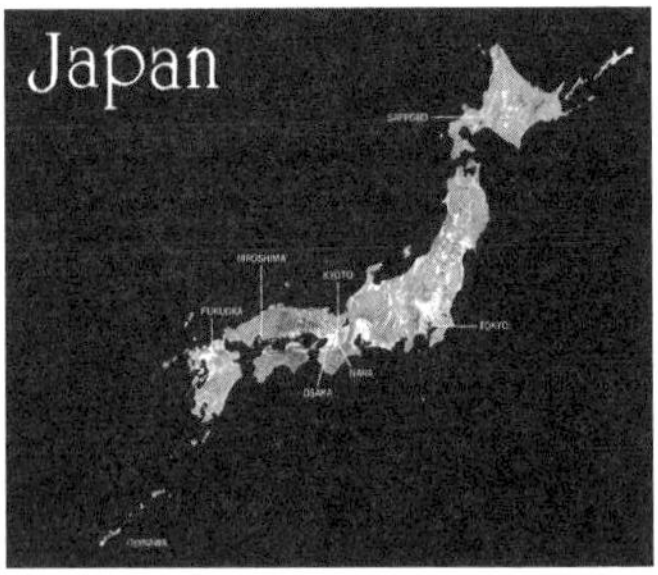

Fig.46　日本の国土

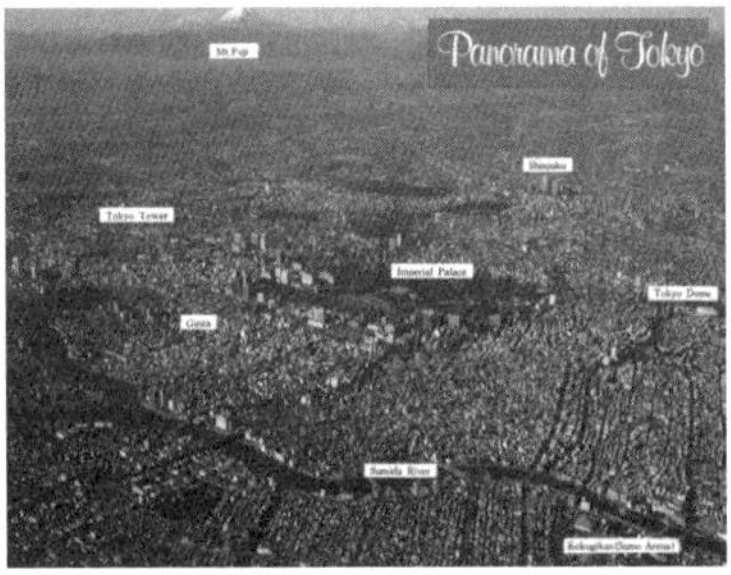

Fig.47　東京全景

Fig.48　新宿周辺

Fig.49　新宿の超高層街

敢えて、都市を全体、建築をディテールと考えてみよう。

上は、国土・東京・新宿・都庁周辺へと近づいていく様子を、絵葉書による構成で示したものである。最初のものは、日本の国土を衛星から撮影した写真をもとにした絵葉書である[Fig.46]。深く険しい山岳地帯と都市化の進む平野部分という対比がよく分かる。多くの都市が、深い山と広い海に挟まれた狭く不整形な平野部分に、張りつく様に連なっている。都市の規模はおおむね人口に比例すると考えられるから、人口減少が始まったとの指摘に従えば、国土がこれ以上都市化することはないはずである。日本の都市は、現在、日本史上実に最大の規模を誇っていると

Fig.50　新宿の中小ビル

Fig.51　陽明門の龍

言って良いだろう。次の絵葉書は、首都東京の全景である[Fig.47]。ここでは、深い緑など微塵も見出せない。緑の代わりに建築が地面を埋め尽くしているが、個々の建築を認識できるかと言えばそうではない。丸の内や新宿といった幾つかの地域を、超高層建築群の密集によって確認することはできるが、その超高層建築も個別に指摘することは困難である。そこで、もう少し近づいてみたい。この絵葉書は、都庁のある新宿に焦点を当てたものである[Fig.48]。ここまで近づくと、ようやく、個々の超高層建築が認識できる。西新宿最初の超高層建築である京王プラザホテルも、現東京都庁も、その姿を確認できる。しかし、中小のビルは、依然として群像である。さらに近づいて見たのが、この絵葉書である[Fig.49]。ここまで来ると、超高層建築のみならず、そこに林立する中小のビルも確認できる。最後の写真は、先の絵葉書の下半分を拡大したものである[Fig.50]。これで、ついに、中小ビルの一棟一棟が、

Fig.52　陽明門の軒

Fig.53　陽明門全景

詳らかになった。しかし、もはや、新宿や東京といった都市の全体像に連なる秩序は見出せない。ほぼすべての建物の建築様式がモダニズムで統一されているにもかかわらず、唯々、都市のエレメントとしての建物が、ディテールとして集積するばかりである。冒頭で、日本語のディテールの方が西洋のdetailよりも、部分を自律的に扱う傾向が強いとの見解を紹介したが、こうした傾向は、都市という全体と建築というディテールの間にも存在する。むしろ、それこそが、まさに東京、あるいは新宿らしさであり、現代日本における都市と建築の関係であると言った方が事実に近い様に思う。

　さて、これに近いディテール、すなわち、あまりに自律的で、全体との結びつきが見出しがたい細部を集積した建築も存在する。この写真はその様な姿を象徴している様に思う[Fig.51]。これは、陽明門の軒飾りで、一般に十人十色を表現したと紹介される彫刻群であるが、その説明通り、個々の竜の表情に統一的な秩序は見出せない。十人十色云々とは、この様な状況を精一杯積極的に評価しようとした言葉であると言ってよいだろう。この極彩色に彩られた溢れ出るがごとき彫刻群を糧に、近代日本が東照宮にしばしば用いた表現が、

Fig.54　日光の航空写真①

Fig.55　日光の航空写真②

「壮麗なる建築群」であった。この写真が、その元になったもので、湧き出る様な大量の彫刻群を象徴するアングルであるが、ここまで離れると、梁や柱に巻きついた、大きな彫刻は認識できるが、個々の竜は、もはや、群像となって、その表情を確認することはできない[Fig.52]。さて、もう少し引いてみよう。陽明門の全景である。陽明門あるいは東照宮を象徴する写真として最も著名なアングルである[Fig.53]。湧き出る様な大量の彫刻は、ここではすべて群像となる。次の一枚は、上空から撮影された東照宮である[Fig.54]。これは、さらに上空から日光二社一寺とその周辺を撮影した航空写真である[Fig.55]。東照宮・二荒山神社・輪王寺・同大猷院が深い森の中に点在している。計画された配置というよりは、限られた平地に、多くの建築を懸命に並べた結果できあがった配置と考える方が、事実に近い様に見える。

　最後に全体を少し遠くから眺めてみたい。前半の写真を国土から東京へ、東京から新宿を経て個々の建築へと辿り着く視線とすれば、後半の写真は、日光山から東照宮へ、東照宮から陽明門を経て個々の彫刻へと辿り着く視線である。したがって、その全体像は、都市の様な建築東照宮と、東照宮の様な都市東京という構図となる。これを東照宮の側から総括すれば、国土としての日光、都市としての陽明門、建築としての彫刻という構図になる。これは、単なるアナロジーではない。近世日本建築の象徴である東照宮と、近代日本都市を象徴する東京には、その成立過程に、近世と近代、建築と都市というジャンルを超えた構造的な共通点が存在するからだ。壮麗なる東照宮が生まれた地に、壮麗なる都市が生まれたということになる。しかし、この点についてはすでに拙著『東照宮の近代』で詳述したので、今は建築と都市の関係においても、細部と建築の関係においても、部分と全体との結びつきがいささか希薄であるという事実が、現代日本の都市や建築の表情に、「つくりあげた」というよりは「できあがった」と呼ぶにふさわしい印象を与えていること、それを「美」ではなく「壮麗」と呼ぶ習わしがあったことを確認したうえで、営繕の話に戻りたい。

都市とマンション

では、「壮麗」なる都市を構成する、ごくごく一般的な建築とはどの様な構造になっているのだろうか。ここでは、これらの建物群を象徴する中層マンションを例に、考えたい[Fig.50]。「都市としての陽明門」が彫刻と建築を糧としたアナロジーであったとすれば、マンション、特に区分所有型マンションは、公私の区別という視点から見れば、共有部分を「公」、区分所有部分を

「私」と考えることもできる。技術的には、構造体やエレベーターを土木施設に、パイプシャフト内の各種配管を都市インフラに、各住戸を建築に見立て、経済的には、長期計画が都市計画に、積立金が税収に対応すると考えることもできる。

私たちは、おおむね納税者である。都市基盤の維持については、所有者であり居住者である。もちろん、生活圏としての都市に占める私たちの所有面積比率は、中層マンション全体と区分所有分との比率とは比べようもないほど小さいし、この点は、超高層マンションでも同様のはずだ。しかし、構図は似ている。少なくとも超高層マンションの問題の方が中層マンションのそれよりは、都市問題に近い様相を示すはずだ。現代建築もまた、陽明門同様、いやむしろより多様な意味で都市的な構造を持っている。

ちなみに、税収については第4章で示した通りで、私たちを取り巻く情勢はすでに充分逼迫している。マンションなら無い袖は振れないが、国の予算は必ずしもそうではない。とはいえ、税収で維持できない状態が続けば、そう遠くない将来、やはり困難な事態を迎えると考えるべきだろう。少なくとも、その程度の常識論は、納税者として覚悟すべきだろう。どうやら私たちは、「安心・安全」という呪文の様な枕詞が示唆する、あるべき姿を構築するだけの資金を持ち合わせてはいない様である。

ただし、この悲観論の背景にあるのは、今後も「希望の建設」にすべてを託す場合の話で、「営繕」の立場からの見解ではない。私が知る限り、「希望の建設」と「地獄の営繕」は、セットになっているからである。たとえば、修繕に全力を傾注する医療現場においては、身近な人の死や病状に絶望することはあっても、医学の発展や医療現場そのものの将来には、常に希望を託してきたはずだ。むしろ、医学が治療から創造へと転換することへの危惧や恐怖の方が、遙かに大きかった様に思う。「希望の治療」もまた「恐怖の創造」とセットになっていた。そして医療は、今、従来の治療から一歩踏み出して、再生医療という新しい治療方法を、苦悩しつつも受けいれようとしている。

これに対して、私たちは、逆に建設から営繕への転換に苦しんでいる。ならば、問題の根幹は、「営繕」にではなく、「希望」のすべてをいまだに「建設」に託そうとする私たち自身の姿勢にあると考えるべきだ。本来、区別すべきではなかった「建設」と「修繕」を分離し、「希望」のすべてを「建設」に託してきた私たちの姿勢こそが問題なのではないか。私は、そう考えているのである。

とはいえ、空き家率が上がり続ける状況下においてなお、超高層マンションの建設が続き、それがただちに完売する現状を、無理な投資と捉えるか、周辺部の空洞化を逆にスモールシティーへの流れとして正当化するかでも見解は分かれるだろう。確かに建築の超高層化は、都市緑化とセットで語られてきた。今や量を担う技術となりつつある超高層建築の現実については、すでに言及したが、それでも、そこに希望を託したいと考える人々は少なくないからだ。

一方、耐震補強や設備改修に象徴される中層マンションの苦悩が、分譲当初、長期積立金に充分組み込まれていなかった事実に鑑みれば、ひたすら積層率を上げてきたかにも見える超高層マンションの区分所有者が、将来、受けいれなければならない苦悩は、予想しがたいのではないかとの懸念も払拭しがたいとの印象だが、逆に中層マンションの経験が糧になっているとの反論もあろう。戸建て住宅であれば公共が担うべき道路・電気・ガス・上下水道・情報網といった都市基盤整備の精華を、マンションの共用空間あるいは建築設備として共同体の内部に封じ込めた以上、区分所有者の集積としての共同体が、より都市的な課題に取り組まざるをえない事態が招来すると私は考えるが、ここでも、意見は分かれるに違いない。しかし、こうした可能性のすべてを、その超高層マンションを供給した側ではなく、購入した側が、自己責任で支えていかなければならない点には、供給側も異論はないはずだ。購入する側は、自らのライフデザイン同様、きわめて不確実な新建築としての超高層マンションの将来のすべてを、広告とカタログに示された希望を糧に受けいれなければならないのである。

ならば、少なくとも、一度は、周囲に林立する既存の中層マンションに、あるいは、郊外の住宅地に、そこに点在する小さな戸建て住宅群の中に、きわめて潤沢に空き家が存在し、それらの多くが瓶の論理で建てられたと推察される事実に、目を向けてみてはいかがだろうか。

供給側も、売却してしまえば、その不確実性の大半を購入した側が、人生を懸けて受けいれ、克服していかなければならない構造になっている事実を、集積率の拡大に合わせてさらに深く認識する必要がある。集積率が高まれば高まるほど、市場による淘汰には時間がかかり、淘汰の過程での需要側の苦悩は大きくなるからだ。もちろん、この問題でも、都心部の住宅需要の量的拡大は社会的要請であり、林立しつつある超高層マンションはその精華であり、そうである以上、将来の問題は、将来の問題として、社会全体で解決した方が、全体としての負担は少なくなると考える向きもあろう。しかし、私たちは、すでに、私たち自身のスネを齧り尽くしてしまっている。

繰り返しになるが、超高層ビルの周りに、ホワイトノイズと揶揄されながら立ち並ぶ中層中古マンションや、都市の周辺部や田園地帯に、潤沢に存在する戸建て中古住宅の方が、その瑕疵が露わになっているという点で、より信頼性が高いと考えるのが「営繕論」の立場である。

敗戦直後、焦土と化した日本の都市を見つめながら書かれた、山本学治の「凧の糸」の「糸」も、アメリカに渡った槇文彦が感じた「大きな船」も、共に「希望」であって、焦土という「地獄」ではなかった。彼らは、目の前の現実については語らなかった。現在の日本の都市は、決して焦土ではない。実に潤沢な現代建築に、すなわち「希望の建設」の精華によって満たされている。ならば、建設から営繕へという主客転倒を恐れるべき理由は、もはや存在しないと考えるべきではないか。

第8章 現実としての現代建築

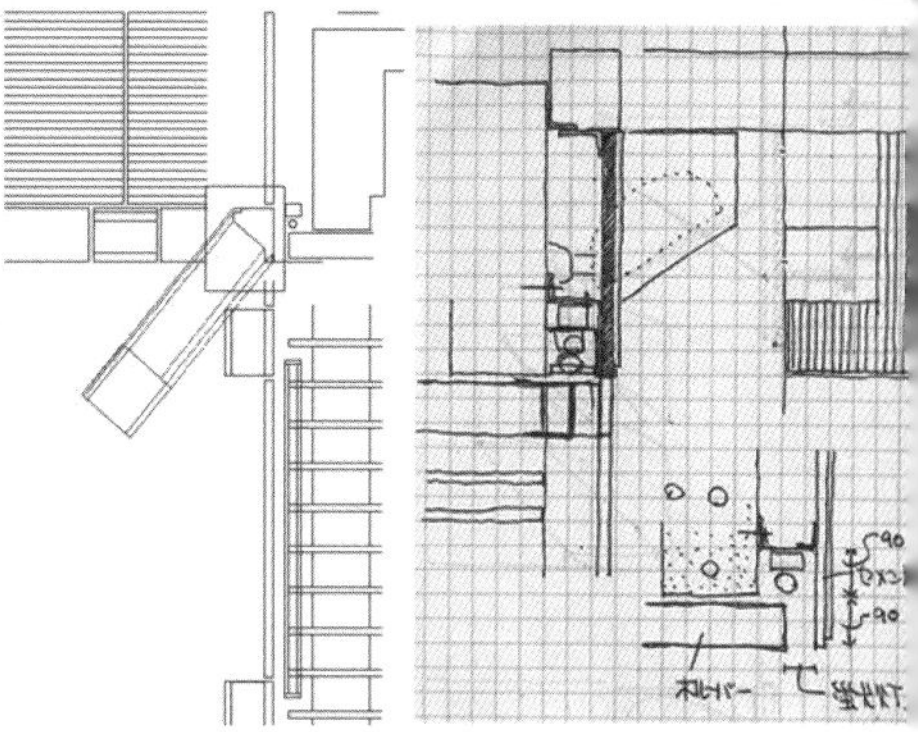

Fig.56　東洋大学人間環境デザイン学科実験工房（照明）

ここまで、超高層の可能性と非超高層の現実、多様化する私たちのライフデザイン、量を担った技術の可能性と瑕疵、日本のモダニズムの可能性とそれが抱え込んできた問題点、工業化の可能性と現実、地震予知と耐震補強、入籠構造としての建築と都市など、実に複雑な環境の下にある現代建築のありようについて、私なりの視点から検討してきたが、このあたりで、その即物的な性能と評価について、すでに繰り返し言及してきた鉄筋コンクリート造を糧に、一度整理しておきたい。

汎用技術としての鉄筋コンクリート造

ここに言うところの鉄筋コンクリート造の汎用化は、戦前の震災復興を契機とする、耐火耐震構法に始まる。したがって、建築史的な視点から見れば、つい最近の技術であるが、震災復興、さらに戦災復興を目指さなければならなかった我が国にとって、耐火性と耐震性の確保は切実な課題であったから、期待はきわめて大きかった。

潤沢な石灰資源に恵まれ、川には良質な砂利と砂が豊富に存在する国土にあって、鉄筋コンクリート造は、近代技術でありながら工場よりも現場に重点をおき、乾式構法よりは湿式構法に依存する傾向が強く、近代建築構法でありながら、鉄骨造やいわゆる工業化住宅とは多くの面で一線を画する、むしろ、前近代的な要素を色濃く残す建築構法であった。また、多くの引き揚げ者に溢れかえっていた敗戦直後の日本は、それによる混乱はあったものの、労働力という点では、きわめて潤沢な担い手の存在する市場であり、労働集約的な鉄筋コンクリート造にとって、絶好の環境でもあった。戦後日本で量を担うべき必然性を持った建築技術であった訳である。特に都市部において、鉄筋コンクリート造の団地や学校が、私たちを地震と火災から守るために最も適した建物であった事実に異論を唱える理由はなかった。この点は、今も同じである。

本章では、まずは「量を担った技術」としての鉄筋コンクリート造の現在を、技術的な視点からきちんと見据えることから始めたい。

耐震性と耐久性

耐震性と耐久性を、既存の鉄筋コンクリート造建築物を糧に論じるとすれば、現代建築の今までとこれからということになる。誤解を恐れずに申し上げれば、「今まで」の最大の課題が「耐震性」で、これからの最大の難題が「耐久性」だということなのだが、いまだ両方の問題を抱えている建物も少なくないというのが現実である。

ところで、工学的な意味で、耐久性と向き合っている最終的な部位は構造体である。もちろん、設備の更新や防水の劣化、内外装の陳腐化など、建築の建て替え理由は様々だが、耐久性という視点から考える限り、鍵を握っているのは構造体である。構造体さえ維持できていれば、他はなんとかなるからである。そして、その構造体の最大の劣化要因が地震である。これらの点については、すでに述べた。しかし、地震が最大の劣化要因であるということは、たとえば、全国的な規模で統計をとると、建築の耐用年数と地震の周期との間に相関関係があるという趣旨ではない。私が申し上げたいのは、建築の構造体が、耐震性に主眼をおいて設計されているという点である。しかし、これはいささか分かりにくい議論である。というのは、耐震性とは、耐震強度という言葉が用いられることからも明らかな様に「強さ」であって、耐久性という言葉が意図する寿命、あるいはその評価軸としての「長さ」とは直接結びつかない性能だからだ。では、なぜ地震に対する「強さ」が耐久性に対応する「長さ」を決める主要な要因となるのだろうか。まずは、この点を、再度確認しておきたい。

すでに述べた通り、耐久性と耐震性とは本来はそれぞれ独立した性能である。詳述は避けるが、地震に対する「強さ」が材料の「質」と深く結びついた性能であるのに対して、耐久性に対応する「長さ」は使用する材料の「量」に依存する傾向の強い性能だからである。この点は、繰り返し思い起こす必要がある。耐久性は、構造体の体積が大きいほど、重量が重いほど長くなる傾向がある。

今、ここに、ごく普通に設計された鉄筋コンクリート造の建築物があるとする。この建物の構造体の「強さ」をより向上させるための方法は二つある。一つが、材料強度を上げる方法であり、もう一つが、材料断面を大きくする方法である。もちろん、両者は車の両輪である。しかし、地震に備えるために材料強度を高くするという方法は、当然のことながら相当のコストを伴う。一般的には、材料強度を高くするよりも、各部の断面積を大きくするという方法が採用される。この点は、木造と同じである。そして、この構図自体は、設計基準強度が高まった現代においても変わっていない。特に、比較的固有周期の短い中層建築においては、柱や梁の断面積を大きくし厚い壁を配置するというのは、建物の構造体をより堅牢にするために最も容易でかつきわめて効果的な方法である。地震のない地域を訪れたことのある方なら、たとえば、同じ鉄筋コンクリート造の建物なのに柱や梁の寸法が日本に比べてずいぶん細いと感じたことがあるはずだ。この寸法差は、もちろん、「強さ」の証だが、同時に使われている構造材料の量が多い、あるいは重量が重いということであり、結果として耐久性が向上している可能性が高いことを意味している。震災に見舞われた場合でも、構造体が持ちこたえてくれれば、あるいは補修や補強を余儀なくされたとしても、それによって構造体全体の体積や重量が増していれば、耐久性は向上している可能性が高い。ここで可能性という言葉を用いる理由についてもすでに明らかにしたが、大切な点なので、あえて再度説明しておきたい。基本的には、強度が実験によって確かめることのできるきわめて分かりやすい性能であるのに対して、耐久性はシミュレーション等によって予測し、予想される劣化要因に対する現実的な対策を施したうえで、その施策を信頼するという前提の性能である点に配慮したものである。考え方としては、金属部品等が繰り返し荷重を受けて破断するいわゆる疲労破壊を防ぐためにあらかじめ疲労しやすい箇所の厚みを増すことで耐久性を向上させるのに近い原理である。もちろん、劣化要因は荷重だけではないが、構造体の断面積と耐久性の間に正の相関関係があるとの見解に異論はないだろう。耐震性の確保は、日本の現代建築は、各部材の断面積が、地震のない地域よりも明らかに大きめであるという点で、結果として高耐久性が実現している可能性が高いのである。ここに、地震に対する「強さ」が寿命に対応する「長さ」を決める主要な要因となっている理由がある。

工業化と耐久性

しかし、すでに述べた通り、どんなに優れた技術でも量を担えば、必ず瑕疵が露わになる。鉄筋コンクリート造も例外ではなかった。たとえば、タイルの落下や漏水による中性化の問題などは「量を担った技術」としての鉄筋コンクリート造が顕在化させた瑕疵であった。顕在化した瑕疵一つ一つは、時には法的な手段に訴えてでも解決方法を探らなければならないが、より広い視点から振り返れば、その技術が量を担った証であり、信頼できる範囲を確認できる状況になったということでもある。ならば、量を担い瑕疵が顕在化した技術とは、その瑕疵がある範囲に留まっていれば、きわめて信頼性の高い成熟した技術ということになる。この点も繰り返し確認する必要がある。瑕疵が露わになると、どうしても新しい技術に可能性を見出したくなるからだ。しかし、新しい技術は、いまだ量を担っていないがゆえに瑕疵が見えないだけで、瑕疵がないということではない。場合によっては、新技術の導入こそが、問題の先送りそのものである可能性も視野に入れるべきだろう。たとえば、原子力発電の瑕疵はきわめて大きいとの印象だが、私たちは、今も判断を先送りしている。逆に、鉄筋コンクリート造の瑕疵が現在明らかになっている程度のものであるとすれば、少なくとも、中層までの鉄筋コンクリート造技術は、きわめて信頼性の高い建築技術であると考えるべきだろう。

バックミンスター・フラーは工業化の可能性を積極的に捉える立場から「あらゆる工業製品は短命化する」と繰り返し述べているが、建築も工業化の渦中にあり、いわゆるビルディングエレメントの多くが工業化部品になりつつある以上、工業製品としての性質を色濃く反映せざるをえない訳で、建築も「あらゆる工業製品は短命化する」という流れから逃れがたいことになる。フラーの言う通りなら、今、私たちが持っているストックは、鉄筋コンクリート造を含めてきわめて複雑な重合体であるだけでなく、確実に短命化の過程にあることになる。確かに、パソコンや携帯電話を見る限り短命化は確実に進んでいるとの印象であるし、環境対応型への買い替え奨励政策などを見ていると、行政の側もこの流れを促進しているかにも見える。実際、住宅の寿命が、あたかも二十数年にまで短縮されてしまったかに見えた時期もあった。平均寿命八〇歳なら三回は買い替え需要が発生する計算になるという話を聞かされた時期もあった。もちろん、短すぎるという意味であったと記憶するが、工業化社会が買い替え需要を常に見込んで生産設備を維持している事実は誰もが知っている現実であり、問題は困難になるばかりの様にも見える。

私自身は、フラーの予言が必ずしも建築に、特に構造体にただちに当てはまるとは考えていないが、最も悲観的な場合を想定し、彼の予測が正しいとしても、地震という強大、かつ、不確定な劣化要因を抱えていることが、逆に耐久性の確保に積極的な働きをしている可能性が高いという主張を否定することは難しいだろう。あるいは、鉄筋コンクリート造の前近代的な部分が、耐久性という「長さ」の評価には、プラスに働いていると考えるべきかもしれない。ならば、少子高齢化社会における私たちの仕事は、たとえ短命化しつつあるにせよ、国際的にはきわめて堅牢な軀体をいかにして守っていくかであるということになる。事態は決して悲観すべき状況ばかりではない。

本書が示そうとしている方向は、すでに繰り返し述べてきた様に、既存の建築物をスクラップにして、少子高齢化社会にふさわしい新しい建築物に建て替えていこうという意味での「維持」ではない。一九八一年施行の新耐震への対応において、建て替えではなく耐震改修という補強が採用された事例が相当数存在する事実と、今日においてなお、決して少なくない既存不適格建築物が存在することを思えば、この点について詳述する必要はないだろう。少子高齢化社会の前提は、今私たちの前にある既存建築である。近年の動向を見る限り、特に若い人たちを中心に、おおおむね合意形成ができているとの印象だが、繰り返し確認しておきたい。

既存鉄筋コンクリート造建築物とは、工業化技術によって短命化傾向にある多くのビルディングエレメントをまといつつも、耐震性の確保という目的のために結果として耐久性を堅持している可能性の高い構造体とが複雑に絡み合った建築物なのである。

法定耐用年数と寿命

もう一つ、法定耐用年数という税制上の耐用年数にも言及しておきたい。固定資産としての課税価値の経年変化を定めたもので、必ずしも建築の構造体の耐用年数を客観的に推定したものではないのだが、一般論として、財務省から「法定耐用年数」などという術語で示されると、その影響力は思いのほか大きい。たとえば、建築物ではないが、減価償却資産の耐用年数にかかわる省令の別表第一「機器及び備品1」に示された「冷房用又は暖房用機器　六年」などという数値は、実際の買い替え周期よりは、かなり短いとの印象はあるものの、結構、実際の寿命を参考とした数値の様にも見える。こうした機器の場合、何かの契機で法定耐用年数が定まると、供給側の耐久性への意識が、どうしても「法定耐用年数＋α」となり、この「α」を最適化する方向に動く。この場合の最適化は、需要者が許容できる範囲でαを小さくするという方向になりやすく、法定耐用年数と実際の買い替え周期が徐々に近づいていくことになる。一方で、同表の「機器及び備品10」に示された「生物」の「動物　魚類二年　鳥類四年　その他のもの八年」を見て、自分がこれから飼おうとするペットの推定寿命と考える人はいないだろう。少なくとも、供給側がこの「法定耐用年数＋α」を目指して命を最適化する傾向があるとは考えないはずだ。では建物はどうだろう。同表の冒頭は建物、それも「鉄骨鉄筋コンクリート造又は鉄筋コンクリート造のもの」だが、その二行目に「住宅用、寄宿舎用、宿泊所用、学校用又は体育館用のもの　四七年」と明記されている。これを、前者の考え方で捉えれば、建て替え周期としてはいささか短いが、「法定耐用年数＋α」（需要者が許容できる範囲でαを小さくするという方向）で供給されている可能性が高いとの印象になり、後者の考え方で捉えれば、私のペットはきっと長寿を全うすると考えるに違いない。建物は「冷房用又は暖房用機器」に近いのか「生物」に近いのかと問われれば、確かに不確実性が高く、私たちのライフデザインの影響下にあるが、どちらかと言えば、前者に近いと答える以外に術はない。この印象こそが、工業化の影響が、私たちの側に存在することの証左なのだが、だからこそ、財務省に「住宅用、寄宿舎用、宿泊所用、学校用又は体育館用のもの」の法定耐用年数は「四七年」と書かれると、四七年という年限が、いささか説得力を帯びた寿命として認識されてしまうのである。

では、建物の法定耐用年数は、どの様な根拠で算定されてきたのだろうか。すでに述べた様に、耐久性能は、本来、シミュレーションによって予測するもので、あらかじめ決まっているものではない。しかし、資産課税の観点から、正確には、その価値が時と共に失われていく資産、たとえば耐久消費財の様に経年劣化を免れない資産においては、課税を行うに際して、その劣化を前提に、その資産価値を徐々に低減し、適切な期間が終了し財が破棄されるまでに資産価値が失われる様、あらかじめ準備しておく必要がある。正確には、その様に考えた人がいたと言うべきだろう。この制度がなくても、税収確保の方法はいくらでもあるし、実際、この制度を持たない国もあるからだ。法定耐用年数とは、この制度が必要だと考えた人が算定した課税期間のことで、それ以上のものではない。ところで、「冷房用又は暖房用機器」の六年という法定耐用年数は、明らかに「機器」としての「物理的耐用年数」を念頭に定められている。確かに、耐久消費財の機器としての耐用年数は、すでに共通認識の存在するものが多く「法定耐用年数＋α」が、実際の「物理的耐用年数」であると考えても特段の問題は起こるまい。αの数値についても、携帯電話の交換周期などを見ていると、それがマイナスでない限り特に苦情は生じないだろう。

一方、建物には「冷房用又は暖房用機器」ほどの共通認識が存在しない。建築は、無数の様々な耐用年数を持つ多様な価格の建築部品からなっているからである。もちろん、家具の様に、置いてあるだけの物であれば、建物とは別の資産となるが、一体化している場合には、複合体として一つの資産と考える以外にない。たとえば、鉄筋コンクリートの構造体を、鉄筋とコンクリートに、コンクリートを、細骨材（砂）と粗骨材（砂利）とセメントに分けても意味はない。そもそも、砂や砂利に、法定耐用年数など存在しないからだ。「冷房用又は暖房用機器」も、よく見れば、プラスチックのボックスの内側には、鉄・銅・アルミなど多様な材料が所狭しと詰め込まれてい

$$(\text{法定耐用年数}) = \frac{(\text{建築全体の取得価額})}{\sum_{k=1}^{k=n} \frac{\left(\text{部品[1]の取得価額}\right)}{\left(\text{部品[1]の法定耐用年数}\right)} + \frac{\left(\text{部品[2]の取得価額}\right)}{\left(\text{部品[2]の法定耐用年数}\right)} + \cdots + \frac{\left(\text{部品[n]の取得価額}\right)}{\left(\text{部品[n]の法定耐用年数}\right)}} - (\text{経済的陳腐化度合})$$

Fig.57　法定耐用年限計算式

るので、この点は同じである。しかし、第2章でも述べた様に、かりに、新築されてから建て替えられるまでの期間を寿命とすれば、建物の寿命は、経済的視野を超えた長さで、かつ、きわめて不確実である。ちなみに、鉄筋コンクリート造構築物の物理的耐用年数は、今日においてなお不明で、その平均寿命は、多くの場合、人間のライフデザインに翻弄されている。だからこそ、そうした私たちの都合を超えた、より客観的な算出方法が採用されてしかるべきだとも申し上げた。

法定耐用年数の算定手法は、いわゆる平均建て替え周期よりは、物理的耐用年数に近い。正確には、物理的耐用年数がきわめて客観化しがたいという事実を認めたうえで、なお、その様な数値を見出したいとの希望を糧に考えられている。もちろん、ここに最大の問題があるのだが、まずは、その計算方法を概観しておきたい。

具体的には、その建物の構造体と不可分に結びつき、建物としての機能を支える、多くのビルディングエレメントの価格と、それらの推定物理的耐用年数を糧に計算される。少なくともそういうことになっている[Fig.57]。

しかし、ここには、大きな問題が二つある。まず第一に、耐用年数というのは、シミュレーションによって予測するもので、客観的な意味での耐用年数というものは存在しない。第二に、シェルターとしての機能の担い手のうち、構造体の耐用年数は、それが不確実なシミュレーションによる予測にすぎないにせよ、他のビルディングエレメントに比してずば抜けて長い。したがって、先の式を糧とする法定耐用年数は、ただでさえ根拠の希薄な数値の組み合わせであるだけでなく、構造体の耐用年数よりも著しく短い。ちなみに、この式を糧とする限り、建物ごとに法定耐用年数は異なるはずだ。本来の趣旨はそうである。しかし、それでは、話が複雑になりすぎるし手間がかかりすぎるため、現在使われている「減価償却資産の耐用年数に関する省令の別表」では、計算方法ではなく、計算結果が掲載されている。あらかじめ耐用年数は決められているのである。実際の計算経緯を分かりやすく説明した文章があるので、ご紹介しておきたい。『耐用年数通達逐条解説』の一九八七年改訂版に掲載されている次の一文である。

具体例をあげれば、鉄筋コンクリート造の店舗は、現在の一般的な耐用年数としては、六〇年と定められているが、その母体となったのは、防水設備二〇年、床三〇年、外装五〇年、窓三〇年、本体一五〇年で、これらを総合して、それぞれごとの区分の取得価額をこれで割り、一年間でどれほど償却を必要とするか、それで全体の取得価額を割ると七五年となる。これに最近の建物の経済的陳腐化の度合いを加えて調整し、一五年を引いて六〇年と決めている。このように、それぞれの使用部分について耐用年数を個別的に算定してそれを総合す

るという考え方をとっている。〔▼1〕

法定耐用年数が、きわめて便宜的な数値で、構造体の耐用年数よりも著しく短いことを示した一文として、記憶されたい。まずは、この点をきちんと押さえておく必要がある。しかし、本当の問題はその先にある。法定耐用年数はきわめて便宜的な数値でありながら、それが財務省〔旧大蔵省〕から示された公の数値であるがために、いろいろな場面で、それなりの説得力をもって用いられてしまうからである。確かに、「耐久性というのは本来シミュレーションを糧に予測するものので云々……」と延々と説明するよりも、「法定耐用年数が四七年なので、実際の寿命は「法定耐用年数＋α」と考えて、おおむね五〇年程度ではないかと……」と説明する方が、分かりやすいし説得力がある。さらに、今や、その算定根拠が示されないまま別表に四七年と書かれているために、表を見る者には、法定耐用年数が四七年であるということは、構造体自体の耐用年数は、その三倍以上が期待されているという情報は伝わらない。需要側には、鉄筋コンクリート造の建物の寿命は、おおむね五〇年という情報だけが伝わることになる。

ちなみに、この数値は徐々に短縮されてきた経緯がある。今、手元にある、一九五二年の「固定資産評価基準」によれば、当時の鉄筋コンクリート造の店舗の法定耐用年数は六五年になっている。六五年、六〇年、四七年という数値の変遷は、成長への期待を背景に、建設需要の喚起が社会的要請と捉えられ、法定耐用年数の短縮を需要喚起の手段として用いた経緯を示唆している。

もちろん、その様な場面においても、それはあくまで需要喚起が目的で、鉄筋コンクリート造建築物の構造体自体の寿命を「法定耐用年数＋α」（需要者が許容できる範囲でαを小さくするという方向）へと最適化することを奨励する政策ではなかったと考えたいが、同時に、財務の専門家がその様に受けとめられてしまうであろうことを想定していなかったはずはない。

こうした数値を便宜的に操作すること、特に短縮することによるモラルハザードは、思いのほか大きい。むしろ、ここにこそ、最大の問題があったと言うべきだろう。というのは、これが実質的な建て替え周期、すなわち建物の寿命になれば、技術力をつけた供給側が、構造体の物理的耐用年数を、法定耐用年数に近づける方向に短縮化しても、短期的には実害が発生しないからだ。むしろ、供給側は、市場に最適化するため、積極的に短縮に取り組み、価格破壊を実現すべく努力する可能性が高い。短期的な要請に合わせて数値を調整するなら、減価償却という制度自体の廃止を検討すべきなのだが、すでに述べた様に、法定耐用年数の短縮が、事実上日常化している以上、減私奉公の側に自己責任を期待することは難しい。今は、建物所有者が、分譲マンションであれば、居住者一人一人がこうした事実を深く認識し、耐用年数の短縮政策に対しては注意深く対応する見識を身につける以外に術はない。

さて、ここまでの検討でも明らかな様に、少なくとも既存建築の構造体の耐久性能と減価償却資産としての法定耐用年数の間には大きな乖離がある。さらに、耐久性能がシミュレーションによって予測することしかできない性能であるがゆえに、法定耐用年数よりも遥かに長いという事実が、所有者に伝わり難い。所有者にとって最も大切なことは、〔物理的耐用年数〕－〔法定耐用年数〕の存在を確信し、それを実際に使える期間として内部化することなのだが、所有者は所有者で、自らのライフデザインに翻弄されており、内部化への努力に積極的に取り組むよりは、それを「地獄の営繕」と諦め、従来通り「希望の建設」への依存を続けてしまう傾向が強い。

耐久性と寿命

ここで、最も客観的な指針となるのが、先の「耐震性と耐久性」の節で申し上げた、建物の最大の劣化要因が地震であるという構造設計上の考え方である。地震は、その規模も時期も予測できない劣化要因であり、この劣化要因に常に備えていることを義務づけられているのが建築物であった。そして、その義務は、建物の耐震強度を公式に認められた方法で確認することで果たせる。これは、法定耐用年数上の年齢とは関係がない。たとえその建物が、すでに竣工後四七年以上経過していようと、構造補強を受けていようと、公式に認められた方法で確認さえできれば現時点での安全性は担保される。この点は、逆に新築したばかりの建物でも、財務省が「別表第一」でどんなに長い法定耐用年数を認定しようとも、耐震強度の不足が明らかになれば補強か建て替えが必須となるのと見合いの関係にある。後者の事例が姉歯事件に象徴される構造偽装であった。文化財の様な特別な場合を除けば、耐久性の論点は、本来、建てられてから何年経過したかではなく、耐震性の確認という義務が果たされているか否かであり、果たされているなら、論点は、構造の問題ではなく、その状態を今後いかに維持していくかという営繕の問題に移る。

現実的な基準としての「新耐震」の信頼性が広く認識されている現在、構造体の寿命とは、耐震性が確保されている期間である。したがって、耐震診断によって耐震性能が確認できた建物、耐震補強などを通じて耐震性が確保された建物、あるいは竣工時点でそうした確認ができている建物では、たとえ築後何年を経過していようとも、現時点で、直接構造強度に関連する問題はないと考えるのが本来である。この点は、経年変化による表層劣化が構造体自体の劣化と誤認されたり、耐震補強が逆に既存構造の脆弱さを印象づけ、その印象が建て替えへの期待を助長し、他の改修が行われにくい傾向があるとすれば、充分に認識しなおすべきである。

構造強度が確保されている場合の耐久性の確保とは、構造強度の問題でないばかりか、法定耐用年数の問題でもなく、今後、構造体が劣化しない様にいかに保護していくかという対策の問題である。劣化要因は、不良工事や、アルカリ骨材反応の様な限られた幾つかの場合を除けば、おおむね外部要因である。構造体自体の耐久性を上げるにせよ、構造体に劣化因子を近づけない様にするにせよ、対策の多くは、直接構造強度にかかわる事柄ではない。構造体の劣化防止は、むしろ、非構造部材の適切な維持管理とその更新によって実現可能な場合が多い。こうした考え方に立てば、構造家と相談しつつ既存建物の耐震壁を移動し空間の形状を変えることも決して不可能ではない。既存鉄筋コンクリート造建築物は、今日においてなお、実に多様な可能性を秘めた資産でもある。

構造体に求められているのは、鉄筋コンクリート造に限らず、耐震性能の確認とその維持以上の事柄ではない。この施策さえきちんとできていれば、不確実性を含みながらも確実に存在する耐久性能を有効な性能として内部化できる。こうした施策を一般に事前保全と呼ぶ。事前保全は、事後保全に比べて、費用対効果が客観化しにくい営繕手法であるため、成功例は常に、その費用に対する批判から逃れがたいのが実態であるが、ここで強調したいのは、この施策を怠れば耐久性能の内部化の契機は失われ、結果として建て替えが必要になるという点の方である。

すでに、繰り返し述べてきた通り、建物の耐久性は、客観的な根拠によって、その全体像を工学的に予測できるものではない。しかし、この難しい性能の最も根幹を担っているのが、耐震性であること、耐震性が時期も規模も不明な地震という劣化要因と常に向き合っている性能であること、そしてその性能を確認する公式な術が存在することまでは、ご了解いただけたと思う。もちろん、技術は日進月歩である。設計基準も徐々に変わっていくと考える方が自然である。しかし、「量を担った技術」としての鉄筋コンクリート造建築物、それも中層建築物の耐震基準が、地震のたびに大きく改定を余儀なくされるという展開は、一九八一年の新耐震施行によって、おおおむね一段落している以上、事前保全に取り組むべき環境は整っていると考えるべきだろう。

所有者の責任

一九九五年一二月二五日に施行された「建築物の耐震改修の促進に関する法律」の第二章特定建築物にかかわる措置（特定建築物の所有者の努力）の第二条には、

学校、体育館（……）で政令で定める規模以上のもの（……）の所有者は、当該特定建築物について耐震診断（……）を行い、必要に応じ、当該特定建築物について耐震改修（……）を行うよう努めなければならない。

との一文があった。この法律は、阪神・淡路大震災を契機として、構造上既存不適格建築物の改修を促すことを目的としてつくられたものであるが、同時に、改修の責任が所有者にあることを明記した画期的な法律でもあった。この法律の施行こそ、建築の専門知識を持たない一般の建物所有者に対し、建物を所有している以上、あなたにはその耐震性を確認し改修する努力義務があるとの見解が示された瞬間だった。この法律は、近年、複雑化し、当初の明確さは読み取りにくくなってしまったが、今でもその趣旨に変更はない。

建物の耐震強度は、公式に認められた方法で確認することができ、不足している場合には、確かに例外はあるが、おおむね補うことができる。確認さえできれば対策は可能である。さらに、これからの少子高齢化社会が、現時点でその義務を果たしている資産を、あるいは耐震診断によってその性能を確かめられる可能性の高い資産を、さらに、補強や改修によってその性能を確認できることが明らかな資産を、スクラップアンドビルドの対象として捉えることを積極的に支持すべき根拠は見当たらない。

耐震改修の責任が所有者にあるということは、耐久性が耐震性能の維持を根幹としている以上、寿命の管理もまた所有者に課せられた責任であるということである。大切なことは、耐震性能を確認し、既存ストックの価値と可能性を理解し、時には専門家の意見に耳を傾け、時には需要喚起を目的とした政策との間に適度の緊張感を堅持し、所有者としての責任を全うすることだろう。責任のあるところにこそ権限がある。この点さえ確認できていれば、環境対応にせよ、居室環境の向上にせよ、電子化にせよ、設備の更新にせよ、防水工事にせよ、その現実的範囲を冷静に考えることができるはずだ。

最後にどうしても触れておきたいのは、こうした問題が議論の対象になりうるということこそ、実は豊かさの証なのだという事実である。

第9章

保全性の現在

Fig.58　東洋大学人間環境デザイン学科実験工房（天井）

営繕の可能性の検討は、本論の最も主要な論点であるが、基本的には、建築部品の修繕と交換の問題である。建築は、部品の多くが仕上げの背後に隠されている。天井や壁に埋め込まれた設備機器や配管の様に見えない部分に存在する多様な建築部品によって支えられている。今、人間のライフデザインとは切り離した視点から建築の「長さ」を論じるという本書の趣旨に従えば、構造体を主要な要素とするインフラストラクチャーの劣化こそが、その建物の建て替え時期を決定する最大の要因ということになる。建築の建て替え契機を、この目に見えないインフラストラクチャーの再生不能なまでの劣化と捉え、それをあえて寿命と呼ぶとすれば、それと正面から向き合うのが、修繕に重きをおいた営繕である。工学の分野において、修繕に重きをおいたシステムについて考える分野を保全性工学と呼び、修繕に重きをおいた営繕を保全と呼ぶ。

信頼性と保全性

営繕の可能性を分かりやすく説明するためには、隠されていないインフラストラクチャーを糧に、すなわち、誰もがよく知っていて、日々目にしているインフラストラクチャーを例に考えたいのだが、残念ながら建築のインフラストラクチャーは、多くの場合、隠蔽されていてほとんど見えない。そこで、ここでは都市基盤を糧に、営繕、正確には修繕に重きをおく営繕について考えてみたい。都市のインフラストラクチャーのうち、その導入時は別として、少なくとも、現代社会において、誰もが保全性を糧に成立していると認めるのは、電線と電柱、すなわち、配電・情報システム（電話を含む）である。

電柱と電線による配電・情報システムは、信頼性を保全性の側から支えるシステムである。ここに言うところの信頼性とは配電と情報の確実性という意味で、ありていには、電気が使えて電話やインターネットが繋がる環境という程度の意味である。一方、保全性というのは文字通り修理のしやすさという意味で、信頼性工学が故障しにくいシステムを考える学問分野であるとすれば、保全性工学は故障を前提として修理のしやすいシステムを考える学問分野である。電柱・電線によるシステムは、保全性を重視したシステムである。もちろん、すべてのシステムは信頼性と保全性のバランスのうえに成立しており、どちらか一方だけで成立している訳ではないが、近年話題になっている埋設型配電システムが信頼性に重きをおいた形式であるのに対して、電柱に電線を張る路上配線システムは保全性に重きをおいた形式である。

たとえば、この図は埋設型の解説図であるが、「埋設型」の場合、最短でも故障箇所前後の地上機器の間、全体が保全対象となる。少なくとも、いったん、その間の電線を引き抜くか、故障箇所はそのままにして、再度新規に敷きなおす必要がある［Fig.59］。一方、電柱・電線という構成は、

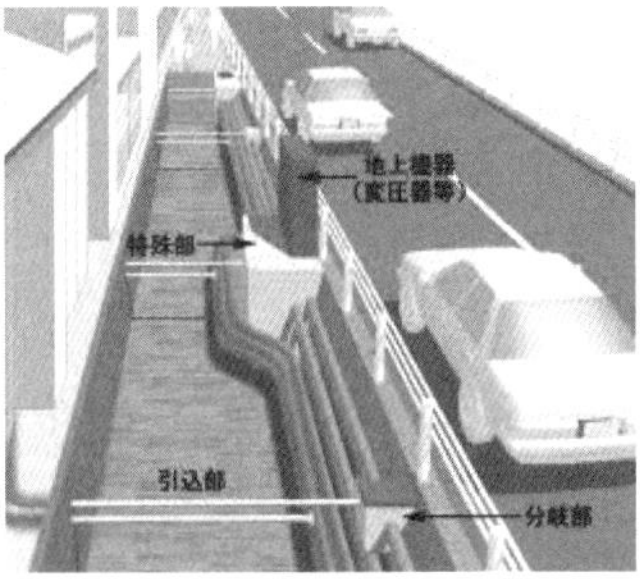

Fig.59　電線共同溝のイメージ

Fig.60　電線の修理

完全な露出型なので、埋設型よりも故障箇所に直接アプローチすることができる。ここに「保全性」に重きをおいたシステムである所以がある[Fig.60]。

　さて、電柱や電線が、地震で倒れて危険だという話は一定の説得力を持つが、地震で電柱が倒れる危険性を埋設の根拠にするのは難しいだろう。電柱は、地上に立っている構築物の中では、むしろ倒れにくい方だからである。倒れる危険性を指摘するなら、たとえば、既存不適格建築物の是正支援の方が遥かに重要だろう。逆に、地震対策という趣旨なら、むしろ「保全性」の高さを糧に迅速な復旧の可能性を主張する方が現実的である。復旧が必要な事態に立ち至れば「信頼性」重視の埋設型の方が遥かに時間もお金もかかるからだ。

　電柱と電線による路上配線はきわめて修理のしやすい、保全性の高い配電・情報システムである。埋設型に同じ保全性を求めれば、すべての場所に、人が立ち入り、修理のできる大がかりな共同溝を設置しなければならなくなる。埋設型は、やはり、高い信頼性を前提に成立していると考えるべきだ。少なくとも、高度な保全性を期待できるシステムではない。

では、埋設用電線の信頼性は充分高く、もはや、保全性の議論は必要なくなったのだろうか。この点については、最近起こった洞道内火災から、実に多くの教訓を得ることができる[Fig.61]。最も重要な教訓は、埋設型の中でもきわめて高度な敷設装置である洞道といえども実に狭隘で、電線の点検はできるが交換はままならなかったという事実である。これが、信頼性を糧としたシステムである以上点検ができれば充分であるとの見解を背景とした狭さであったとすれば、今回の火災は、設備更新の契機として予測された軽度の破綻であったことになるし、都心部への予想を超える集中によって起こった狭隘化であったとすれば、火災は、計画の破綻そのものであったことになる。しかし、ここで、この問題を取りあげた理由は、そのどちらかを明らかにするためではない。どちらの結果であったにせよ、信頼性に重きをおいて都市基盤整備を行うと、小規模な破綻や、その兆候の発見を糧とした事前保全は難しく、むしろ、大規模な破綻を契機とする事後保全になるという事実を明らかにするためである。もちろん、停電が解消された時点では、火災を起こした洞道内の配線は更新されていなかった訳であるから、この洞道の分を担えるだけの、より大きな代替システムが存在し、それが機能した訳だが、そこには、さらに大きな負担がかかっている

Fig.61　洞道内火災

はずだ。

今、洞道の様なシステムをより土木的な都市基盤とすれば、私がここで論じようとしているのは、こうした配電システムより遙かに広範に存在する、路上の電柱と電線を糧とする配線システムである。路上から埋設へという転換は、工学的には、保全性から信頼性への転換ということになるが、その様な転換が取り沙汰されている理由はどこにあるのだろうか。修繕に重きをおく営繕への転換を考える本書にとって、きわめて興味深い問題である。もちろん、その理由は、そう簡単には明らかにならないし、実際、誰もが思っている理由の背後に本当の理由が隠れていると の印象が強いのだが、それはそれとして、まずは路上配線システムの現状を観察しつつ、保全性の現実と問題点について考えてみたい。

「前に下がる、下を仰ぐ」より

最初の論点は、ならば、露出型は、本来、好ましくないのかという疑問である。たとえば、この様な風景を見て[Fig.62]、あるいは、この様な写真を見て[Fig.63]、やはり露出型は問題だと考えるだろうか。特に気にならないのが普通ではないだろうか。少なくとも、これを埋めるべきだと主張する方は、決して多くないだろう。では、都市部の配電線や電話線こそが問題なのだろうか。

これは、山口晃の「前に下がる、下を仰ぐ」という展覧会の第三展示室（この部屋のみ写真撮影可）に描

Fig.62　九州の風景

Fig.63　紀伊の風景

かれた壁画[Fig.64]だが、夕刻の曇空を背景としたとも受け取れるこの壁画に、画家の被写体に対する敵意を感じる人はいないだろう。この第三展示室の展示は、「はじめに」という題のついた次の様なコメントから始まっている。

皆さんは電柱と聞いて何を思い浮かべるでしょう。「美観を損ねる」「通行の邪魔」……昨今、よく言われる事の無い電柱ですが、日本史の上でその登場が極めて美的なものであった事をご存知でしょうか。

Fig.64　山口晃による壁画

Fig.65　住宅街の電柱

ここには、「美観を損ねる」「通行の邪魔」といった表現と共に、しかし、少なくともその登場は「美的なものであった」との見解が書かれている。新しさは可能性であったとの指摘である。ちなみに、「通行の邪魔」との指摘には、歩行者を自動車の暴走から守っているとの見解が、特に高齢者を中心に広く存在する。

さて、では、この壁画はその登場時の姿だろうか。決してそうではない。これは紛うことなき今日の電柱と電線である。ちなみに、同じ第三展示室の展示を締め括る「おわりに」には次の様に書かれている。

現在では共用化がすすみ、全き柱華道に依った電柱は少なくなりましたが、所々に其の名残りを見てとる事が出来ます。

みなさんも、ご自分の街の電柱に住古（ママ）の美を見留めてみてはいかがでしょうか。

「その登場が極めて美的なものであった」と言う画家の主張は、現代の電柱と電線にも「其の名残りを見てとる事が出来ます」という言葉で締め括られている。ならば、この壁画は、当然、「其の名残り」を描き出そうとした作品だと考えるべきだろう。では、この壁画の光景は、実際には存在しない、特殊で象徴的な姿だろうか。今、私が通勤途上で切り取った風景のストックから探せば、こんな風景ではないかと思う[Fig.65]。柱上に高圧（六六〇〇V）、その下に柱上変圧器、そこで低圧配電線が分岐、ここまでが電気工事、その下に、昔の名前で恐縮だが、電話線、今日の言い方なら情報系だろうか、こちらはかなり多様化が進んでいるが、今は電話工事と呼ぶことにする。これは、私の通勤途上の風景であるから、どこにでもある風景である。画家は、ごく普通の風景の中に「その登場が極めて美的なものであった」電柱と電線の佇まいが今も残っている、そう言っているのである。こちらは、夕暮れ時の郊外の住宅街であるが、私たちにとって、最も日常的な風景の一つだろう[Fig.66]。こちらは、高圧配電線の終点である[Fig.67]。ここから先は、柱上変圧器を経て低圧配電線になり、高さも柱変圧器より少し下がった位置に変わり、私たちに最も近い電線になる訳だが、確かに「美的な佇まいの名残り」が感じられるではないか。

Fig.66　住宅街の電線

Fig.67　殿（しんがり）

電線のディテール

ところで、第三展示室の壁画や、私の通勤路にある「電柱・電線」の写真は、距離感という点から、たとえば、「遠景・中景・近景」というジャンルで区分すれば、おそらく「遠景」から「中景」と言ったところだろう。そこで、今度は、一気に近づいて「近景」あるいは「ディテール」を観察してみたい。これは先ほどの私の通勤途上の風景の上半分を拡大したものである[Fig.68]。柱上を流れるのが六六〇〇Vの高圧配電線である。電柱に碍子が取りつけられ、それを介して電線が繫がっている。もう少し分かりやすい写真で説明しよう[Fig.69]。こちらの方が、高圧配電線の構造がよく分かるだろう。この形式の電線は、電線自身が送電を担う伝導体としての役割と、張力を負担する構造体としての役割の両方を担っている。それゆえ、電線端部は碍子を介して直接、支柱に固定されている。碍子は電線の張力を電柱に伝える役割と、電気を電柱に流さないための絶縁体としての役割を担っている。したがって、この構造では、電線は張れても電気は流れない。そこで、碍子の先端同士を別の電線で結んで次の電線に送電する仕組みになっている。この電線をジャンパーラインと呼ぶ。これが高圧配電線の一般的な構造である。その下に見えるのが開閉器で、ここでは、この開閉器を介して、高圧配電線が写真奥に向かって分岐している。

これは、垂直三線配置の高圧配電線同士の交差部分である[Fig.70]。この下は十字路であるが、それぞれ別の道を別々に配線されてきた電線同士が同じ高さ同じ位置で、見事に交差している。

Fig.68　電柱上部

Fig.69　高圧配電線

Fig.70　高圧配電線の交差 ①

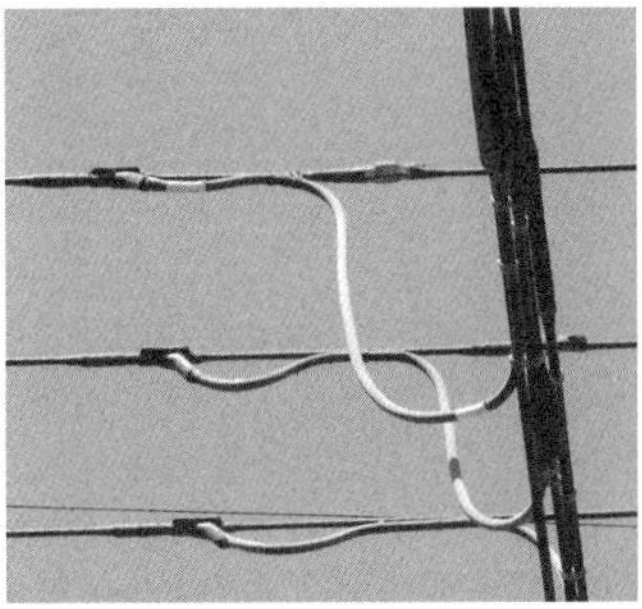

Fig.71　高圧配電線の交差 ②

こちらは、水平三線配置の配電線と垂直三線配置の配電線の交差である[Fig.71]。細いコイル上の電線の巻き方まで含めて実に見事な仕事ではないか。この高圧配電線の下に柱上変圧器があり、低圧化された電気が低圧配電線を介して各住宅へと配電される。

配電線の下にあるのが、情報系の電線群[Fig.72]、こちらは、近年の競争激化を背景に相当多様化しているが、先ほど申し上げた通り、旧姓は電話線である。これは、その十字交差であるが、これはこれで、実に見事な仕事である。もちろん、下は十字路である。上下二段になっているが、各電線群のうえを十字形に結ば

Fig.72　情報系電線群の交差

Fig.73　配電線端部の道路横断

れたワイヤーが走っているのが見える。よく見ると、ワイヤーの下を電線が曲線を描きながら高速道路のジャンクションの様に方向を変えているのが分かる。このワイヤーがメッセンジャーと呼ばれるワイヤーである。

低圧配電線と電話線は、電気や信号は伝えられるが張力は負担できない。引っ張ると切れてしまうからだ。電線とワイヤーの間で送電信と張力の分業が行われているのである。

こちらの写真は、配電線の末端部分である[Fig.73]。目を凝らすと、左上から右へと下がりながら道路を渡っている電線が見える。これが、配電線の末端部分である。この配電線は、この位置で道路を渡り[Fig.74]、反対側の電話線のうえを通って[Fig.75]、住宅に、ここでは敷地内の電柱（宅内柱）に繋ぎ込まれている。こちらは、電話線の末端である[Fig.76]。T字路を下から右へとカーブするところである。三方向とも太さが同じなので少し分かりにくいのは、いずれもメッセンジャーワイヤーと電話線が同梱された形式のコードだからである。上から来ている線は、メッセンジャーワイヤーとしての役割だけを担っていて、おそらく、電話線は使われていない。一方、下から右へのラインは、その両方を利用しており、中央のリングに取りつけられた金具の端部に、メッセンジャーワイヤーが取り出され、固定されているのが見える。したがって、カーブ部分は電話線のみということになるが、張力負担が起こらない様に、実に柔らかいカーブになっている。配電線も電話線も、最末端まで、見事なディテールと精度で配線されている。

発電所と変電所を結ぶ送電線が野山を自由に駆け抜けるとすれば、配電線と電話線は、常に道路と共にある。道路は、交通（車と人）のみならず、上下水道、エネルギー（ガス・電気）、情報（電話・インターネット）の経路でもある。

Fig.74　配電線端部のディテール①

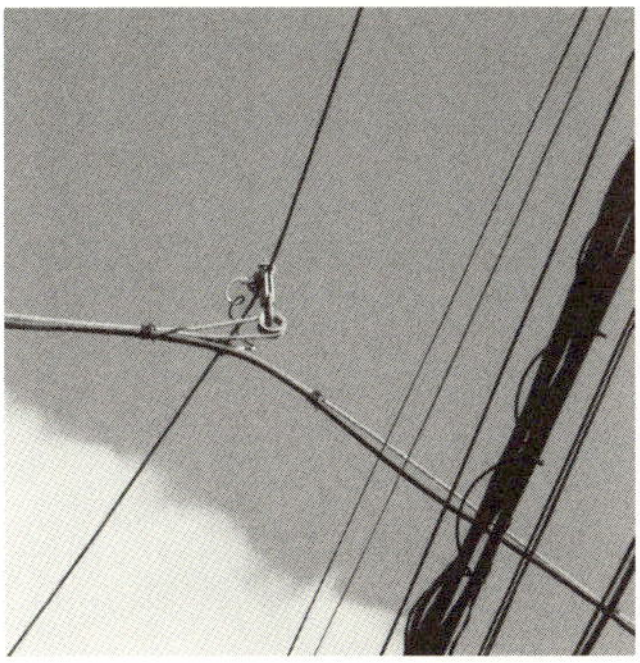
Fig.75　配電線端部のディテール②

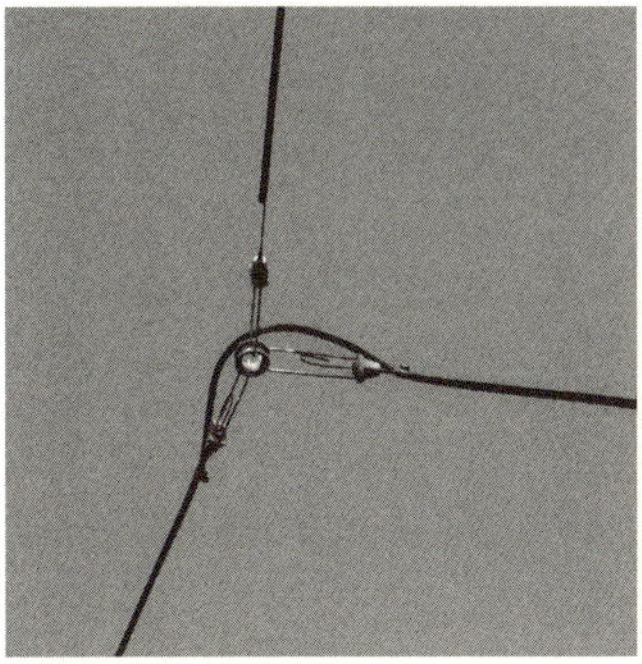
Fig.76　電話線の端部

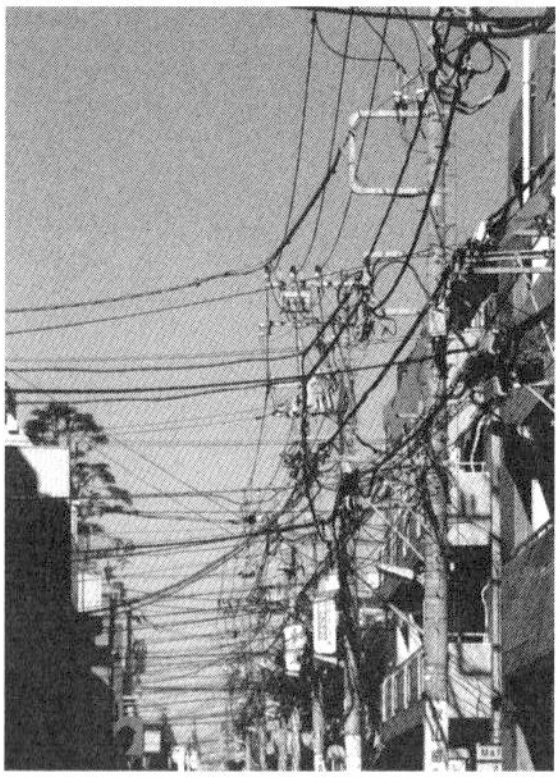

Fig.77　繁華街の電線 ①

Fig.78　繁華街の電線 ②

路上配線の現実

これは、私の通勤途上にある郊外の駅前繁華街の写真である[Fig.77]。この繁華街の電線が埋設対象であるか否かは別として、この様な写真を糧に、埋設の可能性が語られている点に異論はなかろう。電柱や電線が、地震で倒れて危険だという話は、一定の説得力を持つが、それを埋設の根拠にするのは難しいとの見解はすでに述べた。国土交通省の無電柱化のページを見る限り、一義的には、その景観こそが問題であるとの指摘である。そこで、まずは、この写真をあらためてよく観察してみたい。

埋設への意欲の背景に、こうした風景の解消が語られている以上、それは美意識であると考えざるをえない。ならば、安全性への言及はおおむね方便ということになる。行政が、自らの美意識を背景に、埋設を提案することの是非は後に検討するとして、今は、埋設への意欲が、どう考えても私たちの美意識を色濃く反映しているとの認識を持ったうえで、先に進みたい。その場合、埋設の根拠となっているのは、先の写真の奥行き方向（直進方向）の電線のあり方だろうか、それとも横断方向（左右方向）のあり方だろうか［Fig.78］。

奥行き方向の場合には、もちろん、横断方向への配電線や電話線は存在せず、さらに、道路を横断する電線によって生じる横断方向の張力はかからないことになる。これは、同じ私の通勤途上の別の駅近くの写真である［Fig.79］。奥行き方向が問題なのだとすれば、この写真の奥行き方向の電線の密度は、次の写真とたいして違わないだろう［Fig.80］。理由は、先の写真の風景と、この

Fig.79　踏切の向こう側

Fig.80　踏切のこちら側

写真の風景は、同じ道の踏切を挟んだ北側と南側だからだ。一般に、路上の電線は、道路と共にあり、踏切は渡らない。したがって、この二枚の写真は、別系統ということになるのだが、私の知る限り、踏切の北も南も、おおむね同じ様な街である。しかし、踏切の南側のこの部分は道路沿いに公園があり、電線が道路を横断する必要がない。そのために奥行き方向にしか電線が走っていない、そういう場所である。さて、この二枚の写真を見比べて、奥行き方向の電線こそ埋設すべきだと主張する方は、決して多くはないはずだ。

敢えて二方向に分けて考えれば、埋めてしまいたいのは、道路を横断する方向ということになる。この道路を横断する電線の本数とその不揃いこそが、埋設論の主要な論点と言って良いだろう。すでに述べた通り、道路を横断する電線群は、ほとんどすべて、低圧配電線と電話線の末端部分である。では、原因は末端部のT字形の分岐にあるのだろうか。この点についてはすでに確認した通り、分岐自体は実に見事な仕事であったはずだ。したがって、配線のディテールにかかわる問題ではない。

理由は、次の二点である。第一に、その本数がきわめて多い点である。これが最も大きな原因との印象である。そして、第二に、各戸の引き込み位置と高さが異なる点である。ここに言うところの本数とは、電力量とも電話回線数とも直接関係のない、単なる電線本数である。実際、道路を横断する方向の電力量はたいして大きくないし、回線数も決して多くないはずだ。電話線の場合、奥行き方向には、この通りおよびこの通りから分岐するすべての路地の電話回線数に見合った量の電線が流れている。一方、道路を横断する方向の電線数は、道路に面した戸数と路地への分岐分にすぎない。回線数は奥行き方向の方が圧倒的に多いはずだ。この点は、配電線も同様である。では、なぜ、少ない回線数が多く見えるのだろうか。あるいは、なぜ、低圧で消費電力が少ないにもかかわらず配電線が目立つのだろうか。それは、単純に電線の本数が多いからである。しかし、この表現は正確性に欠ける。正しくは、低圧で電力量が少ないにもかかわらず配電線の本数が多く、回線数が少ないにもかかわらず電話線の本数が多いからである。整理ができていないのである。引き込み位置や高さのバラツキも同様である、ちなみに、引き込み高さの方は、おおむね、私たち建築家の責任である。この点は大いに反省すべきだろう。とはいえ、問題点は明らかに本数の側にある。では、なぜ、低圧で電力量が少ないにもかかわらず配電線の本数が多くなり、回線数が少ないにもかかわらず電話線の本数が多くなってしまったのだろうか。なぜ私たちは、配電線と電話線を整理することができずにいるのだろうか。一連の写真から明らかな様に、電気にせよ電話にせよ、配線側に整理能力がなかった訳ではない。この電線の煩雑化は、供給側の問題ではないと考えるべきだ。彼らの能力が原因ではないのである。

実は、ここにこそ、根本的な問題がある。ここまでくれば、原因は誰の目にも明らかなはずだ。原因は、配電線と電話線が五月雨的に増えていった点にある。建築的な説明を試みれば、容積率や建ぺい率が、常に既存の開発規模よりも大きめに設定されてきたからである。正確には、常に開発が可能な方向に順次規制緩和が行われてきたからである。この規制緩和は、私たち個々人にとっては将来へのゆとりであり、個々の企業にとっては再開発余地の確保となってきた。そして、戦後七〇年間、私たちにとっての「ゆとり」は、たとえば、相続の折に、すなわち私たちのライフデザインを契機として、好むと好まざるとにかかわらず建て替え需要となり、企業にとっての「開発余地」は、その企業のライフデザインを契機として、やはり好むと好まざるとにかかわらず再開発需要に繋がっていった。この緩和速度は、行政が決定している以上、全体としては計画的であったが、実際の建て替えや再開発は、常に個別的で、あらかじめ予測して対応することはできなかった。私たちのライフデザインは、きわめて多様であったからだ。電気も電話も、この個別的な建て替えと再開発に、公共側の末端として、そのつど、一本一本、増設を繰り返さざるをえなかった。当然のことながら、こうした五月雨的な変化は、建物の寿命の長い、すなわち、信頼性の高い建物を建てて、それを長く使うことを旨とするヨーロッパの歴史的都市には、馴染みのない変化だったはずだ。

電線も配線器具もそれを支える配線技術も、実に高度に洗練され、おそらくは、今も日々進化し続けているにもかかわらず、美観を損ねる存在と見なされ埋設を取り沙汰されるところまで追いつめられた背景には、こうした現実があった。とはいえ、先の写真の様な状況にまで至ると、かなり交錯した印象である。もはや、「美的」な佇まいなどという次元ではなく、なんとか成立している、あるいは、よくぞ間違いなく繋がっているという状態だからである。この「なんとか成立している」という表現の背後にある、つくりあげたというよりは、できあがった状態、しかも、そのできあがり方が、当初の想定とは、明らかに趣を異にしているのだが、一応、成立している状態を、都市と建築の関係に援用すれば、時としてホワイトノイズとも呼ばれる中層マンションとオフィスの林立した姿となり、建築とディテールの関係に援用すれば、陽明門のあの溢れ出るがごとき彫刻群に覆われた姿となる。その全体像を「美的」に説明することは、もはや困難だが、しかし、実はきわめて重要な価値を秘めて存在している。この様な状態を、私は「東照宮の近代」以来「壮麗」と呼んで評価しているのだが、電柱と電線が生み出す風景は、いわゆる繁華街において壮麗化する傾向が強い。

Fig.81　情報系の葛藤

　もちろん、これが度を超えると、機能確保以上の意欲を現場が失ってしまうことになる。彼らにとっての最後の砦は「機能の堅持」であって「美観」ではないからだ。その証拠に、配電も情報も、今も、ほぼ完璧に機能している。しかし、ここまでくると[Fig.81]、少なくとも「ものづくり」に携わっている人間であれば、電気の素人でも、明らかにモラルハザードが起こっていることを直感できるはずだ。ちなみに、私の言うところの「壮麗」とは、この一歩前の状態のことである。

　ここで重要なのは、こうした様相を呈する原因が、必ずしも配線側の力量にある訳ではない点である。原因は、すでに述べた様に、この道路に面したあるいは近接した建物の五月雨的な建て替えにあるからだ。彼らの配線器具と技術ではいかんともしがたい状況に立ち至った原因は、私たちの建て替えと再開発への意欲そのものである。ただし、時代はもはや成長期ではない。今後、建て替えと再開発への意欲が、さらに配線密度を上げる可能性は決して高くはない。その証拠に、駅前整備の折に、電線埋設に踏み切った地方都市の歩道の多くは、きわめて閑散としてしまっている。「壮麗化」を「美観を損ねる」と評価する立場に異論はない。「壮麗」は近代美とは一線を画すものだからだ。しかし、少子高齢化社会を迎え、非成長社会、すなわち、定常化社会、いやむしろ、長期的には明らかに縮小均衡へ向かうと予測される今日、この風景がさらに大きな広がりを見せる可能性はきわめて低く、むしろ、整理によって、徐々に解決に向かう可能性の方が高い。

先の景観の背景には、以上の様な私たちの現実と、それに対する供給側の誠意がある。すべては、行政を含めて、私たち自身が、私たちのためにしてきた事柄の集積がつくりだした風景なのである。これを健全な成長の精華と捉えるか、私たちの欲望のなせる業と考えるかは意見の分かれるところだが、「壮麗化」が埋設への根拠となる背景には、現状を、多様で自由な成長の精華として受けいれることができず、むしろ、個々人の欲望が露わになった醜い姿と捉える向きが多いとの政策判断がある様に思う。ならば、無電柱化とは、私たち自身の自己嫌悪を原動力とする政策ということになる。成長期を主導した我が政府が、率先して無電柱化を推進する所以である。だからこそ、ここは、真摯に考えるべき場面なのではないか。私はそう申し上げたいのである。

建て替えと再開発が、保全性の高い配線システムに支えられてきたという事実は、建て替えが日常の風景と認識され、建物の寿命が決して長くなかった事実の証左でもある。あるいは、建物の多くが、道路という都市基盤に接しつつ、必要に応じて交換されるべき部品と認識されてきたと言っても良いだろう。ヨーロッパの電線埋設が、建物の耐久性能の高さを糧として、街並みの普遍性を前提に行われてきたとすれば、日本の路上配線は、日常的な建て替えを糧として、街の成長を前提に採用されてきたと言うこともできる。ただし、保全性の高いシステムは、部品の頻繁な更新を可能にするが、保全性が常に短命化を前提とする訳ではない。ここは充分認識しておく必要がある。もちろん、耐久性能への依存がしばしば保全性を軽視する様に、保全性への依存が、部品の短命化を誘発する可能性は否定しないが、両者共に、本来必然的な方向ではない。どちらの方向も行き過ぎれば、広義の意味での信頼性の崩壊に繋がるからだ。

では、この路上配線システムは、本当に埋めてしまいたい様な風景なのだろうか。最後に、この点について考えておきたい。これはニューデリーの風景である[Fig.82]。こちらはフィリピンの風景[Fig.83]。そして、これはカンボジアの風景である[Fig.84]。トウィンビーの予言とは逆に、近代化が後になれば後になるほど過酷になるとすれば、この状況は開発途上国の都市基盤整備の困難さをよく示していると言うべきだろう。冒頭に申し上げた通り、電柱・電線という構成は、実に保全性の高いシステムで、保全性が高いということは、営繕が簡便に効率的に行えるということなのだが、ここまで需要が急増すると、もはや、保全性の確保すらままならないのではないかと

Fig.82　ニューデリーの電線

Fig.83　フィリピンの電線

Fig.84　カンボジアの電線

の印象である。

そして、今、私たちは、この風景すら受けいれられず埋めてしまいたいと考えているのである[Fig.85]。これは、きわめて残念な議論ではないだろうか。私はそう考える。そもそも、建て替え需要を常に念頭にしている以上、成長期のみならず改修や減築期においても保全性の高いシステムの方が、将来を見据えた施策足りえている。私たちにとって、路上配線がつくりだす風景は、人口の増減とその速度によって日々変化するもので、そして、それで良かったのである。

少子高齢化社会が電柱と電線のありようをさらに複雑化する可能性はきわめて低い。むしろ、今の状況を最大需要と捉え、保全性の高さを糧に、纏められるものを順次纏め、整理を始めた方が話は早いはずだ。その整理が実現し、私たちが、その姿を、正当に評価できれば、画家の「みなさんも、ご自分の街の電柱に住古（ママ）の美を見留めてみてはいかがでしょう」という一文は、「みなさんも、ご自分の街の電柱に豊かな生活の風景を見出せるでしょう」に変わり、現在の配線システムは、そう遠くない将来、多くの国民の支持を背景に「和式配線システム」として「文化的景観」に、さらには「世界遺産」に指定される日が、やってくるかもしれない。いや、必ずやってくる。すべては、私たちが自ら決断し評価すればできることだからだ。まさに「希望の営繕」を象徴する風景ではないか。

確かに、近代日本にとって、西欧の都市と建築の持つ「信頼性」は輝ける夢であった。しかし、

Fig.85　私の通勤路の風景から

それは、西欧にとっては石造建築の歴史を糧とする彼らの現実であり、それはそれで問題を抱えているはずである。木造建築の歴史を糧とする私たちにとって、保全性が現実であり、それはそれで問題を抱えているのと同じ構図である。平地の少ない国土にあっては、近代建築のストックといえども、人口の増減に翻弄されてきた。むしろ、今や、硬直した過度な信頼性への期待こそが、虚構と幻想を生み出す源泉となっていると言った方が事実に近いのではないか。私たちは、信頼性という術語をヨーロッパの人々と同じ意味で用いることができない環境にあるが、同じ意味で用いることができない理由を、必ずしも私たちの後進性と捉える必要もないはずだ。希望を海に託す所以は理解するが、それがただちに河の問題の解決に繋がる訳ではない。むしろ、海の向こうの河を、海に見立てているにすぎないのではないか。河の問題を解決できるのは、その河で生きる私たち自身以外にいない。

路上配線の可能性

以上の様に、景観の側からでさえ、無電柱化を積極的に擁護すべき客観的根拠は見出しがたいとの印象である。無電柱化を国策として積極的に推し進める根拠は、いささか壮麗な表情を見せる都市部の電線風景への嫌悪の情以外には見出せない。しかも、その嫌悪は、単なる自己嫌悪にすぎず、配線の納まりの瑕疵でもなければ電力や情報の量的破綻でもないのである。路上配線は、機能的にはまったく瑕疵がない。いや、瑕疵がないどころではない。二〇一七年夏、関西を襲った集中豪雨によって、延べ七〇〇〇回にも及ぶ落雷が確認されているが、低層住宅街の火災は、きわめて少なく、それも誘導雷によるものであったとの報道があった。ならば、低層住宅街においては、林立する電柱と路上を覆うメッセンジャーワイヤーの網が、雷撃を受けとめ、住宅を直撃雷から守っていたことになる。しかも、この間、路上配電線の破断による大規模停電は起こっていない。同じ頃、これも関西であったと記憶するが、洞道内の高圧配電線が漏電を起こし、マンホールが持ち上がるほどの衝撃を伴って破断し、一一時間にわたって大規模停電が起こった旨の報道があった。これらの報道は、路上配電システムの保全性の高さと避雷能力の高さを示すと共に、信頼性を糧とする地中配電システムへの依存がもたらす困難な事態を明らかにした。

最後に、もう一つ路上配線システムの保全性の高さを示す興味深い事例をご紹介したい。これは、電柱の交換直後の写真である[Fig.86]。電線はすでに新しい電柱に移されているが、古い電柱

Fig.86　電柱の交換

Fig.87　《山梨文化会館》丹下健三設計

Fig.88　《中銀カプセルタワー》黒川紀章設計

がまだ残っている、作業途上のごくごく当たり前の光景の様にも見えるが、建築で言えば、設備や内外装をそのままに、構造体だけを入れ替える作業である。丹下健三も黒川紀章も夢見たが、建築では実現できなかった荒技である[Fig.87, 88]。

もちろん、路上配線も量を担った技術である以上、その瑕疵はおおむね露わになっており、それをあげつらいつつ、埋設を主張する気持ちも分からなくはない。「希望の建設」の時代に、私たちの多くがその真偽に疑問を持ちながらも糧とした「美しいものこそ機能的である」との主張は確かに「希望」を象徴する主張であったからだ。だが、「地獄の営繕」という現実の側から見る限り、それはもはや幻想にすぎない。今、希望を糧に電線埋設を主張しても、そこには、唯々、埋設という需要喚起への意欲が際立つばかりだからだ。

戦後七〇年以上にわたって、私たちは、「信頼性」を糧として相反する目標を繰り返し提示する先生の発言を注視し、そのたびに目標を交換しながら走り続けてきた。しかし、もはや誰も、ドラスティックな転換の繰り返しの果てに、突然予定調和が立ち現れるとは考えていないはずだ。一方、現在の配線網は、実に一世紀以上にわたって、人知れず継続的な小規模な改良を積み重ねてきたシステムである。しかも、機能的な破綻は特に見出せない。ならば、その対応力を評価する方が建設的ではないか。保全性は、本来、信頼性の一翼を担う分野であり、両者は事実上不可分である。信頼性への急激な傾倒が保全性を大きく毀損すれば、システム全体としての長期的な信頼性は危機に陥り、バランスの回復には、さらに大きなエネルギーが必要になるだろう。

不動産各社が、電線埋設を一つの付加価値として自身の開発地に導入することにも、それを「美しい」と称することにも異論はない。近世までの伝統的な町並みに電線は合わないというのなら、それも良いだろう。電柱が除雪の邪魔になるというのも事実だろう。誤った予測であったにせよ、東海沖地震を念頭に、率先して耐震化に取り組んできた静岡県が、減災を目的に、電柱の増設を抑制するというなら、それにも異論はない。しかし、電線埋設を、社会基盤整備そのものの方向性として取り沙汰するなら、それには異論を唱えたい。保全性の毀損が憂慮されるからだ。むしろ、保全性を堅持しつつ、より「美しい」配線に力を注ぐ方が現実的だからだ。繰り返し申し上げるが、どう考えても、国策として無電柱化を推進すべき特段の理由は見出せない。

保全性重視のシステムを受けいれるということは、私たちの営みをありていに見せるという点において、必ずしも、私たちの近代的な美意識に呼応しないかもしれないが、同時に、実に正直で公正なシステムでもある。電柱と電線による配線システムの壮麗化の背景に、以上の様な真理を見出せれば、先の街の風景を、好ましい賑わいとの印象で語れる可能性すら視野に入る。ならば、そうした認識を糧に、このシステムを継承し、私たちの河の姿として見守る方が、私たちらしい見識ではないか。私はそう考える。

以上、電線と電柱を糧に、保全性と信頼性の問題について考えてきたが、最後に、都市基盤という大きなシステムの担い手が、道路にすべての都市インフラを埋めてしまいたいと考えている事実を、建築という小さなシステムの担い手である私たちの問題として、捉えなおしておきたい。この写真は、工事中に撮影した新宿駅地下通路の天井である[Fig.89]。正確には、天井を仕上げる直前の写真である。地下通路であるという点を厳密に捉えれば、建築というよりは、土木領域の工事ということになるが、ここは、建築の問題として捉えたい。この写真が露わにしているのは、建築の担い手である私たちが、すべての建築設備を天井裏に隠蔽しようと躍起になっている姿そのものである。土木も建築も、自

Fig.89　新宿地下通路天井内

らより下位にあるインフラ設備を隠蔽し美しく装いたいと考えている点では、実は、まったく同じ思いで邁進している。私のここまでの議論を、狭小な天井裏での工事に苦しむ建築設備の担い手が聞けば、天を仰ぐに違いない。これが現実である。しかし、ここはあえて、よく見ていただきたい。隠すという前提を与えると、私たちがどれほど狡猾に隠蔽するかを、これほど分かりやすく示した写真はないからだ。

確かに「希望の建設」という時代が存在し、私たちは、それを糧としてここまでやってきた。しかし、私たちが生きる糧とした「希望」は、すでに目の前にある既存建築が実現している。これ以上の成果を無理に建て替えに求めれば、それはもはや「虚構」になってしまわないか、少なくともその様に考えてみるべき時ではないか。「希望の建設」は「虚構の建設」へとその姿を変えつつあるのではないか。ならば、私たちも転換すべきだ。

もちろん、私たちも、私たち自身が自ら天井裏や壁の後ろに隠蔽してきた設備機器や配管、配線とどの様に向き合うかを考えなければならない。ここにこそ「希望の建設・地獄の営繕」から「虚構の建設・希望の営繕」への転換に向けての鍵があるからだ。

第10章

虚構の建設・希望の営繕

Fig.90　東洋大学人間環境デザイン学科実験工房（トップライト）

最後に、再度確認しておくが、「営繕」とは、営造の「営」と修繕の「繕」からなる建築上の術語で、奈良時代にはすでに存在した建築用語である。おそらくは、外来語として中国から伝わった術語であろうが、しかし、これを「エイゼン」と発音したのは、私たちの都合だろう。換言すれば、「エイゼン」と発音する「営繕」は、私たちの建築用語である。この点は、「リノベーション」と「renovation」の間に齟齬があると推察されるのと同じである。しかし、「営繕」の意味は、この一五〇年ほどの間に大きく変容した。最大の契機は、近代日本が、おそらくは、「construction」に対応する日本語として「建設」という希望に満ちた建築用語をつくり、新たに導入したからである。その結果、「営繕」は「営造」を建設に奪われ、「修繕」、いやむしろ「修理」に特化することになった。

民間マンションの現在

私たちのライフデザインが、いかに建物のライフデザインを翻弄してきたか、私たちにとって「希望の建設」がいかに輝ける存在であったか、私たちが、量的充足を叶えた後も、いかに無理を重ね、この「希望」を糧に「建設」を繰り返そうとしているか、そして、「建設」の時代の美意識と「営繕」の時代の美意識との間にいかに大きな齟齬があるかについては、おおむね説明できたのではないかと思う。また、「修繕」に特化した「量を担った技術」としての「営繕」が、社会性を回復したのが、正確には、次の建設までの繋ぎにすぎないとの認識にまで貶められた「修繕」が、本格的な建築技術として注目される様になったのが、いわゆる新耐震の導入と、それによって生じた構造上既存不適格問題への施策としてであったこと、それが、一九八〇年代のことであったこと、その後、バブル崩壊から今日までの間に、私たちが私たち自身のスネを、すなわち、公共投資の糧を、おおむね齧り尽くしてしまったことについては、すでに言及した。

中層マンションのおかれた環境は、実は、右の様な私たちのありようの縮図でもある。あれほど、再開発に寛容であったバブル時代においてなお、分譲マンションの多くは、容積率の問題からその対象とならず、ローンの問題等から、その多くが耐震改修すら手つかずのまま残されてきたからである。耐震補強という点においては、古い戸建て住宅も木造アパートも同じであった。したがって、バブル崩壊後、大量に残されたこれらの建物の実態は、私たちの多くにとって「不都合な真実」であり、責任の所在不明な瑕疵として見て見ぬ振りをするべき対象となった。

この問題を正面から見据えたのが、一九九五年、阪神・淡路大震災を契機に制定された「建築物の耐震改修の促進に関する法律」であった。この時、初めて、建物所有者の責任が明記され、耐震診断と改修が努力義務として明記されたからである。この法律によって、耐震診断と補強は所有者が自らの責任で取り組むべき課題となった。これを契機に、ようやく公共建築の耐震化が進み、事態は大きく転換することになった。しかし、共同住宅、特に分譲マンションの耐震化は、先の理由から、依然として進まなかった。戸建て木造住宅も同様であった。こうした状況に変化が現れたのは、二〇一三年の法改定によってであった。分譲マンションは、今、ようやく耐震改修ができる環境に、あるいは取り組まざるをえない状況になりつつある。新耐震設計法が導入されてから、三〇年以上の月日を経て、途に就いたということになる訳だが、その背景には、左記の様な、行政側の対応があった。

区分所有法における決議要件が四分の三以上から二分の一超に緩和

要安全確認計画記載建築物（緊急輸送道路等の避難路沿道建築物）の指定開始

建築物の耐震化の円滑な促進のための措置（耐震化のための規制緩和）等

こうした経緯を経て、いわゆる中層の区分所有型マンションの耐震改修の可能性が、ようやく開かれた。少なくともその様に見えた。今、ここで、こうした施策の是非を、その施行時期を含めて論じるつもりはないが、とにかく途に就いたのである。

ここでは、以上の前提を糧に、区分所有型マンション（いわゆる分譲マンション）の現状と営繕の問題について考えてみたい。少なくとも、戸建て住宅よりは、区分所有型マンションの方が、都市的な存在で、それゆえ、より広がりのある議論の糧となるはずだ。論点は、大きく分けて三つある。

正確には、私は、次の三点に絞って考えるのが良いと考える。まず、第一に、構造上既存不適格建築物としての問題、第二に、設備の更新、とりわけ給排水設備の劣化の問題、そして第三に、分譲マンションの問題が、現代都市の抱える病理の縮図となっている点である。

今、第三の論点から振り返れば、第一の問題は、耐用年数を迎えつつあるとも言われる、戦後の都市基盤整備の精華としての既存ストックを「国土強靭化計画」の様な希望を糧に、従来通りスクラップアンドビルドによって更新することがきわめて困難になりつつあるという現実となり、第二の問題は、それにもかかわらず、日常生活においては、上下水道や電力・情報網の維持は必須であるという社会的要請となる。この構図は、道路をマンションの共有空間や構造体、あるいはパイプシャフトに、その道路に囲まれた民有地をマンションの区分所有部分と考えれば、都市とマンションが、きわめて分かりやすい入籠構造になっていることを示している。そうした広がりを念頭に、分譲マンションについて考えたい。

では、「耐震性の向上」と「設備の更新」、どちらの問題が大きいだろうか。客観的には、耐震性だろう。耐震性の不足は、ただちに人命にかかわるからである。しかし、給排水設備の破綻も決して些細な問題ではない。我が家の排水が下階に漏れているとなれば、ただちに取り組まねばならない喫緊の課題となるからだ。汚水ならなおさらだろう。それが、たとえお隣りの問題でも、心配で気が気ではないはずだ。同時に完成している以上、漏れてくるのも、漏らしてしまうのも、もはや時間の問題だからだ。ことは、いずれもマンション全体に及ぶ。非常時への備えと、日常生活の維持のどちらを優先するかという序列のつけにくい問題への判断が要請される。「必ずしも耐震改修が優先するわけではありません」[▼1]という関係者の見解は、この現実への所有者の苦悩を物語っている。改修の判断は、以前から専門家の助言を背景として行われてきたにせよ、一九九五年以降、所有者は責任者としての判断を迫られている。区分所有の場合、最終的には、所有者の過半数によって、工事の優先順位が決まる。

分譲マンションの区分所有者の多くは、「建築物の耐震改修の促進に関する法律」によって、いわば社会的要請として、購入時には考えもしなかった耐震診断を要請され、その結果によっては耐震改修の努力まで求められ、給排水系については、マンションという共同体のごくごく当たり前の静かな日常を守るために、人によっては、ようやくローンを完済し計画通り年金生活に入った途端、あるいは中古マンションとしてローンを組み入居した矢先、場合によっては、売却目的に査定を依頼してみたら長期修繕計画の見直しによる売却価格の変更を迫られ、それぞれ新しい負担に耐えなければならなくなった。

ところで、同じ問題を賃貸マンションも抱えているという言い方がしばしばなされる。耐震性の不足と設備の老朽化の問題は、所有形態とは無関係ではないかとの指摘である。きわめて説得力のある議論だが、それは、あくまで工学的な視点からの議論で、こうした指摘には、この問題と向き合わねばならない主体の問題が見えていない。賃貸マンションの所有者は、必ずしも居住者ではないからだ。賃貸マンションの多くは、所有者にとって、生産財であって消費財ではない。

民間の事業用マンションの中には投資用マンションと呼ばれる物件も少なくない。投資目的の場合、所有者にとっては、自らの所得の源であっても生活の場ではない。繰り返すが、法は責任者を居住者ではなく所有者と明記している。もちろん、所有者が地方公共団体やそれに関連する供給母体である場合には、区分所有型では、少数意見となり、ただちには採用されにくい要請にも、より献身的に耳を傾けられるかもしれない。しかし、こちらの改修費用は、より公共的な資金になり、多くの場合、居住者負担ではない。

区分所有型マンションの多くは消費財で、所有者が居住者であり、その多くは、本来、外部資金を期待しない自立した人々である。私が特に区分所有型の議論にこだわる理由がここにある。区分所有型マンションの営繕が成立しない社会の出現は、『住計画論』の著者が示唆した「自立した個人が共同体としての家族や社会と多様な関係を取り結ぶ可能性」どころか、「自立」そのものを不可能にするからだ。都市の中間層が自立を奪われれば、彼ら自身が、自らの選択で、たとえば、都市から地方へと移住する自由すらままならなくなる。これは「新しい空間配列の試み」以前の問題であり、区分所有型マンションの破綻が日常化すれば、都市生活そのものが破綻する可能性すら視野に入る。さらに、今や「量を担う技術」となりつつある超高層マンションの将来も危ぶまれる事態になるだろう。

公共建築の現在

では、「安心・安全」という呪文の様な枕詞が、しばしば用いられる公共建築はどうだろうか。こちらは、区分所有型マンションの問題とはいささか事情が異なる。あるべき姿を構築する資金が、公的で負担感が自覚されにくいからである。しかし、あるべき姿を堅持しうるだけの資金を持たないという点では、マンションの現状と変わらないと考えるべきだろう。この部分は、繰り返し確認しておきたい。

今、私たちに求められているのは、「希望の建設」の精華を「希望の建設」で超克することではない。すでに述べた様に、「希望の建設」が希望であったのは、灰燼に帰した廃墟から復興に至るごくごく限られた期間の話で、普遍的な意味ではないからだ。今、私たちが考えなければならないのは、「希望の建設」の精華としての現代建築を、多様な工業化部品の集積をまといつつも一定の耐震性を有する構造体を、どの様に維持していくかである。求められているのは、むしろ、「営繕」による「建設」の克服である。

第4章で引用した財務省ホームページの「財政の健全化」のページは、

財政健全化のために、我が国に残された時間は多くありません。現在、日本国債の93％は、潤沢な個人金融資産に支えられ、国内投資家が保有していますが、債務残高の増大と貯蓄水準の停滞により、この環境が変化する可能性があります。

という一文で結ばれている。今なら、「国内投資家」は「日本銀行」に書き換えられるべきかもしれないが、それはさておき、こうした見解に対しては、異論もあろう。しかし、基本的な姿勢として、一般会計の半分近くが、私たちへの債権である様な予算構成のままで、「希望の建設」に、再度、公共施設の維持と国土強靭化を託すゆとりはないと考えるべきだろう。有権者に対して、ホームページをこの様に客観的に構成できるほど、財務省を頂点とする霞が関全体が、今日の状況に対して中立的であったかについては、私自身、相当の思いもあるが、それでも、バブル崩壊後の混乱から今日まで、選挙権を行使してきたのは私たちである。岩佐の言葉を借りれば、

みなさんは、バトンを、どううけとって、日本の未来都市を、どうつくりあげていくでしょうか。

それは、みなさん自身の問題です。

からすでに半世紀、少なくとも私たちの世代までは、岩佐の問いに、現在の東京の姿を糧に、「私たちは日本の都市を、この様につくりあげてきました」と答える以外に術はない。

民間マンションの営繕

営繕の困難さという点では、事前保全が前提となる生産施設、それも重化学工業系の生産プラントが、建築を遙かに超える問題と向き合っている。たとえば、工場は生産財で、営繕のために稼働を止めれば、ただちに損失が発生する。さらに、工場はきわめて閉鎖的な組織で専門家しかいない空間である。稼働を止めるには相当の覚悟が必要なはずだ。同時に、重要な警報を見落とし、工場全体が稼働不能に陥ったり、誤って大事故にでも至れば、特に重化学工業系の生産施設の場合、その被害も損失も計り知れない規模になる。事前保全が必須の施設である。事前保全では、営繕の時期が適切であったか否かは、事故が起こらない以上、当事者には分からない。むしろ、常に早すぎた対応との印象を免れないだろう。ここに、事前保全の難しさがある。

事後保全を原則とする建築の営繕は、工場ほど厳しくはない。問題が起こってから対処する以上、早すぎた営繕との認識は起こりにくいからである。しかし、足場を組むとなれば、この際、あれもこれもとなることは想像に難くないし、それゆえの葛藤もあるだろう。もちろん、例外もある。耐震改修は事前保全の典型である。

耐震改修は、技術的にはすでに汎用化しているが、マンションに導入する場合には、よほど恵まれた場合を除けば、誰かの家に補強が入ることになる。自宅のバルコニーに、ブレースが入ることもあろう。所有者は、規模も時期も不明な劣化要因のために、資金と住環境の両面で負担を強いられる。調整は決して簡単ではない。しかし、何と言っても資金の問題が大きい。購入当時、長期修繕計画の中に、耐震補強は予定されていなかったはずだからだ。問い合わせが一〇件程度あったとして、精密診断から補強設計に至るのが三分の一程度、実際に改修に至るのは、さらにその三分の一程度という関係者の印象が正しければ、耐震補強が実現するのは、精密診断を決断したマンションの十分の一程度ということになる。もちろん、診断の結果、安全性が確認されたケースもあるだろうが、約一割という数字は、そうした可能性の成果ではなく、その負担の大きさゆえの結果と考えるべきだろう。これが現実である。ならば、最近街角で出合うこの様な風景は、実に、そうした努力の精華と考えるべきだろう[Fig.91]。私たちは、今、美意識の面でも、従来とは異なる眼を持つ必要性に迫られている。

Fig.91　耐震補強工事後のマンションのファサードの例

　一方、給排水系の改修には、別の困難がある。古いマンションでは、給排水系の横引管は下階の天井裏にある。したがって、改修を行うためには、常に下階の天井を剥がさなければならない。天井裏の横引管は、区分所有上は共有部分扱いであるから、ドライに考えればお互い様であるが、迷惑は迷惑である。そこで、なんとか改修時に、床上配管に変更し、共有部分から占有部分に変更できればと考えるのが自然だろう。少なくとも専門家としては、

Fig.92　排水系の改修イメージ動画の1コマ．天井に上階の排水管が横引きされているのが見える．もちろん，この階の排水管も，下階の天井の同じ位置にあることになる．この場面は，その両方を示している．

Fig.93　排水系の改修イメージ動画の1コマ．この階の排水管が床上配管に変わっていると同時に，上階の排水管が撤去されている．もちろん，下階出ていた当階の排水管も撤去されていることになる．

その様に助言するのが普通だろう[Fig.92, 93]。しかし、ここでもたいへんな調整作業が必要となる。まず、工事費が高くなる。そして、にもかかわらず、配管と床との関係が所有者には理解しにくい。もちろん、床全体を上げる訳ではなく、台所・洗面所・浴室などの横引管を、床上に配管しなおせば良い訳であるが、多くの場合、該当部分の機器の改修が必要になる。台所の流し台を交換したり、浴室を作り替えたりしなければならない。確かに、負担は大きい。しかも、所有者の経済状況は多様である。この際、台所も浴室も新しくしたいと考える人から、浴室は次回にしたい人、共用部分以外の改修には参加できない人など、様々な事態が予想される。私の様な人間は、考えただけで思考回路がダウンしてしまうが、最近の専門家は実に逞しい。この図は、提供を受けた資料を私なりに少しアレンジしたものだが、改修設計者の誠意と知恵が詰まっている[Fig.94]。灰色の線部分が共通部分の配管、黒色の線部分が区分所有部分の配管である。現状（横引管は下階）を、将来、完全に床上化することを前提に、まずは、共通工事として、ＰＳ内の縦管の床上位置に新しくその階の横引管の接続口を設置する。その後、各戸の要請に応じて、中間段階の様に、たとえば一番複雑な浴室の配管は現状の経路のまま改修し、他の配管は床上に改修するなど、各戸の要請に対応した工事を行い、いったん工事を終了する。その後、各戸の都合で残余部分を徐々に改修し、最終的に一番下の完成形へと至るという計画案である。実に行き届いた提案である。とはいえ、こうした段階的な改修提案でも、合

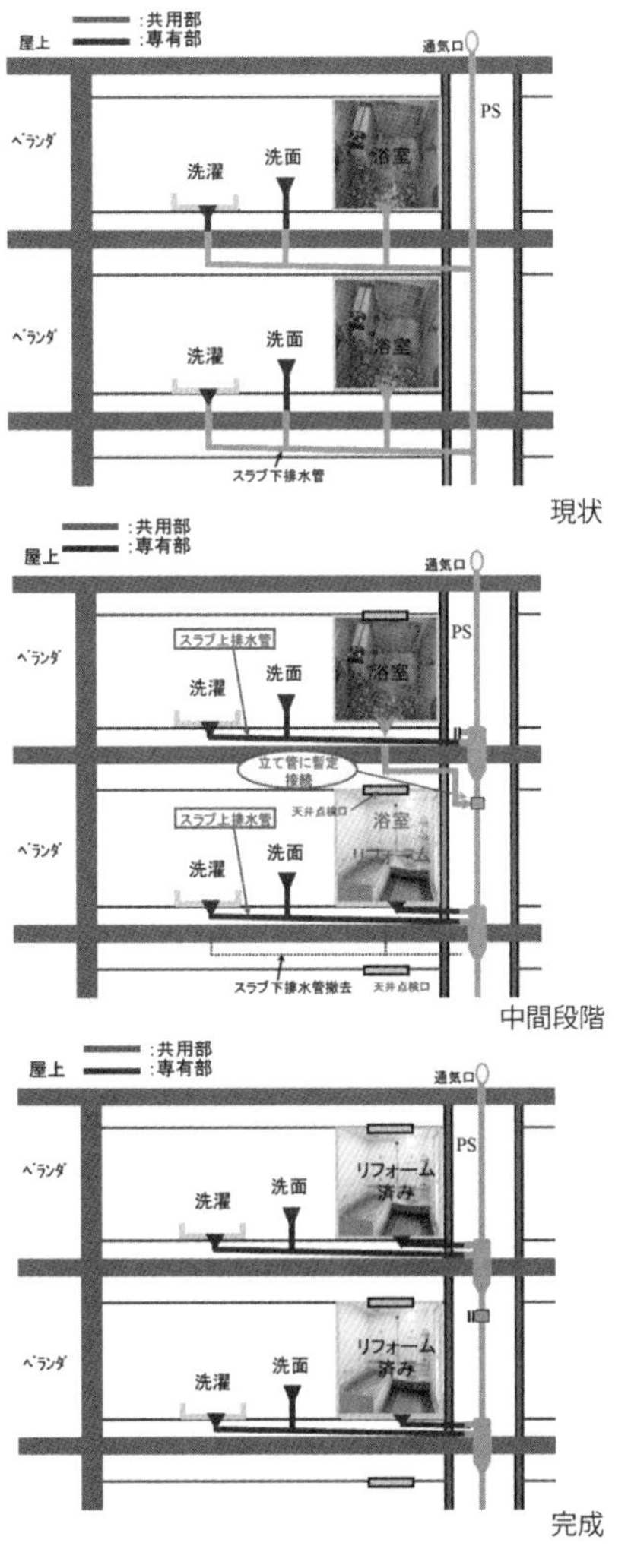

Fig.94　排水系の改修提案．床上配管を区分所有者の個々の状況に応じて順次進められるように配慮している．

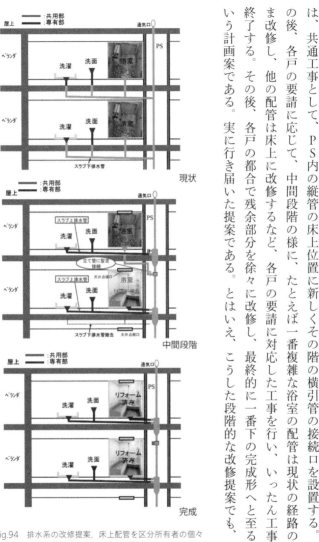

意はなかなか難しく、現状の配管形式のまま工事を完了することになるのが、大方の現実であるとのことであった。しかし、見事な提案である。むしろ、見事なデザインであると申し上げるべきだろう。もちろん、判断は、一九九五年以来、所有者に委ねられている。私たちにできるのは、提案までである。

地球温暖化に象徴される環境問題の深刻さは増すばかりで、建築界としての社会的啓蒙も、この分野での見解表明やセミナーが主流である。近年、ひときわ顕在化しつつある環境問題への取り組みに水を差すつもりはないし、最近、しばしば、取りあげられる「環境共生住宅」という目標についても異論はない。しかし、マンション改修に挑む人々のありようから浮かんでくる現代日本の都市住宅事情は、次々と襲ってくる与条件の変更に苦悩する居住者の姿である。新耐震導入から三六年、「建築物の耐震改修の促進に関する法律」施行からでもすでに二〇年である。今、ようやく分譲マンションの耐震診断と改修が、本格化しつつある現実を考えると、「環境共生住宅」に象徴されるこれからの住宅が、正確には、住宅の環境共生化が、期待通り進むとは考えにくい。

既存不適格マンションの区分所有者と、その改修に取り組む建築家が、どこまで真摯に対応できるかは、彼ら自身の倫理観が、どこまで彼らを支えられるかという消耗戦の様相を呈している様にも見える。場合によっては、決して少なくない数の古い区分所有型マンションが、新耐震以前の耐震性能のまま、次の震災を迎えることになるかもしれない。ならば、今、私たちに求められている仕事の多くは、新たに社会的要請を構成し、新しいビルディングタイプの可能性について啓蒙すること以上に、耐震改修すらままならない現実の中で地道な性能向上に取り組む人々の評価と支援であると考えるべきだろう。同時に、この分野にかかわりを持つ者の一人として、所有者にも建築家にも、営繕の結果が、たとえ基準に届かなくても、その結果を精華として適切に評価する意欲を失わないでいただきたいと願う。

区分所有者の多くが「希望の建設」の現実としての既存不適格と向き合っているということは、彼らが、美しく語られる「希望」とその後の現実とは異なるという事実をすでに知っていることを意味する。換言すれば、建て替えればすべてが解決するという考え方が、もはや幻想にすぎないことを事実として経験している人々が、すでに多数派になりつつあるということである。建て替えへの期待が希望ではなく幻想にすぎないなら、すなわち、今や虚構にすぎないなら、建て替えがままならないという現実は、必ずしも悲観すべき事態ではないはずだ。「希望の建設」と「地獄の営繕」は対概念であったからだ。ならば、「虚構の建設」には「希望の営繕」こそがふさわしいはずだ。

公共建築の営繕

一方、公共施設の場合、新耐震施行以来三十数年、一九九五年の「建築物の耐震改修の促進に関する法律」施行以来約二〇年という期間を考えれば、耐震診断と補強工事に関する限り、いくら何でも、そろそろ完了させていなければ所有者としての責任を果たしているとは言えないだろう。まず、この認識が絶対条件である。この前提が満たされていれば、今後は、耐震補強を完了した施設に、耐久性の向上のために、正確には、減価償却の規定における構造体の物理的耐用年数を内部化するために、追加投入するケースが一般化するはずだ。もちろん、本格改修が「量を担う技術」になれば、そう遠くない将来、この技術特有の「瑕疵」が露わになるだろう。それを最小限に留めるためにも真摯な取り組みを期待したい。

修繕に重きをおく現代の「営繕」は、新たな建設によってすべての問題を解決し克服しようとする立場から見れば、実に不完全で不満足な成果しかもたらさない様に見えるかもしれない。しかし、「希望の建設」の「希望」が可能性にすぎず、決して今日の現実ではなかった点については、工業化住宅や既存不適格問題、あるいは超高層の現実を見れば明らかで、新たな建設によってすべての問題を解決しようとする立場もまた、実に不完全で不満足な結果しかもたらしてこなかった。まずは、その様に考えてみてはどうだろうか。ならば、ここが最も重要な点なのだが、「営繕」を地獄と認定すべき積極的な根拠は、もはや、存在しない。

自らのライフデザインに翻弄されてきた私たちは、すでに「希望の建設」の現実を、あるいは「量を担った技術」のありようを深く理解している。私は、ここにこそ可能性があると申し上げたいのである。この点では、分譲マンションも公共建築も同様のはずだ。

地域の事情や、既存の現状によって個別の問題への処方箋は千差万別だろうが、今、以上の前提で、公共建築の営繕に取り組むとすれば、たとえば、施設の量を維持したいなら、建て替えの半分の予算で本格改修を行い、建て替えで更新する場合には、建て替え対象施設と同規模の既存施設を一つ手放す施策を検討すべきだろう。定常化社会の下での総論として、本格改修のための費用は、建て替え費用の半分程度という前提に基づくものであるが、現実的な施策だろう。

今、公共建築に関する限り、耐震補強はおおむね終わっているとの認識に立てば、今後は、耐震補強の済んだ施設を、建て替え費用の五〇％の予算で改修するという作業が一般化することになる。五〇％とは、予算を半減する必要があるとの前提に基づくものである。個々には、いろいろ事情があり、例外もあろうが、相応の効果は期待できるはずだ。もちろん、私たちは、少ない予算を適切に配分することが不得手なので、削減に際しては、どうしても一律にならざるをえないとの諦観も織り込んでの話なので、地域によっては、より好ましい配分が考えられるだろう。

ありていに申し上げれば、私たちの都市環境は、今、その正確な割合を明記できないが、明らかに量的な部分で、あるべき姿と現実の姿とが大きく乖離してきており、私たちは、その現実を、きちんと見つめるべき段階にある。それができなければ、「希望の建設」は、もはや、現実逃避のための「虚構」にすぎなくなる。

確かに、「営繕」は多くの問題を抱えている。「地獄の営繕」と呼ばれる所以である。しかし、「希望の建設」が、「安心・安全」などという夢の様な目標を真顔で語るなら、それは、もはや無責任な「虚構」であると考えるべきだろう。むしろ、「営繕」の方が、より現実的で堅実な対処法であるはずだ。「修繕」を中心に据えた「営繕」の根本にあるのは、「希望の建設」が、私たちの支えとなった時代が存在したという自負であり、現代建築が、その精華を含んでいるという自信である。ならば、その精華をきちんと評価し、「希望」をもってその営繕に取り組んでも良いはずだ。

さらに深く「虚構の建設」の時代に足を踏み入れれば、それが虚構である以上、量を担った折の瑕疵は、「希望の建設」のそれを遙かに凌駕するものになるはずだ。この点については、現実的な可能性を二つ、技術論の側から取りあげ、警鐘としたい。

第一に、減価償却の糧となっている「法定耐用年数」が、供給側に与える影響への懸念である。第8章でも触れた通り、この数値は、財務省が定めた公的な数値ではあるが、その算定根拠は「耐用年数通達逐条解説」からの引用でも明らかな様に、きわめて便宜的であった。しかし、それがいったん「法定耐用年数」として広く認知され、公式に用いられ、かつ、その根拠が明確に示されないまま徐々に短縮されるという状況が続き、「法定耐用年数＋α」が、具体的な建て替え周期に対応する事実が確認される状況が長期化すれば、供給側の私たちは、たとえば防水設備の様に、建物の「法定耐用年数」よりも充分短く、その交換をすでに修繕計画の中に織り込み済みのビルディングエレメントについては、そのままの性能を維持し、逆に「法定耐用年数」よりも充分に長く、それゆえ、きわめて不確実性の高い建物本体（構造体）の耐用年数については、その短縮とそれを糧とした価格破壊へと進むであろうことは想像に難くない。

第二に、すでに繰り返し述べてきた様に、強度と耐久性とは、本来、別の性能である以上、高強度化と耐腐食性能の向上も、本来、無関係であるという事実である。すなわち、高強度化がさらに進み薄肉化が顕在化した場合、薄肉化した構造体の耐腐食性能は、獲得された高強度とは関係がないことになる。ならば、強度と耐久性の間には負の相関関係があるという事実が顕在化する可能性がある。

事態の進行がゆっくりであれば、建物本体の耐用年数というあまりに長期的で不確実な性能の短縮は、誰にも見えないまま、場合によっては、供給側である私たちすら自覚できないまま、たとえば、工業化の名の下に、あるいは高強度軽量化の名の下に進行するだろう。瓶型建築から缶型建築への移行である。「工業製品は限りなく短命化する」というフラーの予言の現実化である。工業化が進展し、それがビルディングエレメントのあらゆる部分に行き渡りつつある今日、買い替え需要の喚起は、供給側には必須の営業手段であり、私たちが巨大な生産設備を抱え、私たちの所得の維持が、その生産力に深く依存している以上、「缶」型住宅、場合によっては「缶」型超高層の出現も視野に入れるべきだろう。事実、法定耐用年数は、戦後だけでも、すでに一八年短縮されているし、たとえば、マンションの法定耐用年数は、超高層も高層も中層も低層も、鉄筋コンクリート造および鉄骨鉄筋コンクリート造なら四七年、鉄骨なら厚さ四ミリメートル以上の鉄骨でも三八年に決まっている。耐用年数表に、超高層という項目は見出せない。そして、超高層の建て替えは、すでに、現実化しつつある。

個人的には、「缶」は飲料水のケースとしては買い取り対象であったが、「缶」型住宅なるものが出回る事態になれば、よほどの価格破壊が実現していない限り、それはもはや購入すべき住宅ではなく、借りるべき対象と見なすべきだと考えるが、異論もあろう。しかし、少なくとも、苦悩の中で営繕に取り組む中層分譲マンションの現状を知っている需要者の経験が継承されれば、「缶」型超高層マンションの購入には躊躇するに違いない、先の岩佐の言葉にたじろがざるをえない程度の私たちに、それは難しいのではないかとの指摘もあろう。そもそも、「瓶」か「缶」かの見極め自体、住む側の判断による以外にないのだから。

一方、「希望の建設」の時代につくられた建物の多くは、こうした視点が生まれる以前の建物である。もちろん、個々に事情は異なるし、失敗や瑕疵ゆえに短命化した事例も少なくない。しかし、それは、「希望の建設」の時代の主要な目的ではなかった。だからこそ、建物本体の耐用年数はきわめて長かったのである。私が、「希望の建設」の時代の建物の営繕に可能性を見出そうとする根拠がここにある。私たちは、建て替えと修繕を比較する時に、建て替えを、今も「希望の建設」の時代の建設と同じ視点で眺めてしまっている。ここに、修繕に特化した営繕が、地獄に見えてしまう理由がある。しかし、すでに繰り返し述べてきた様に、「希望の建設」の時代は終わりつつある。正確には、人々の生活がある程度豊かになり、建設の糧となるべき「希望」が多様化し、それに呼応して供給側が語る「コンセプト」が個別化し、もはや、その一つ一つは「広告」にすぎない時代になった。「希望」が「広告」にすぎないにもかかわらず、私たちが、依然として、そこに「希望」を見出そうとするなら、それは、もはや「虚構」なのではないか、少なくとも、その様な視点から、疑ってみる価値はあるはずだ。確かに「希望の建設」と呼ぶべき時代があった。それは、「廃墟という地獄」を前にしての希望であった。今、マンションの建て替えから国土強靭化に至るまで、「建設」に再度「希望」を託せるかと言えば、それは困難なのではないかと、私は考える。「建設」もまた万能ではないからだ。「地獄の営繕」という構図の背景にあるのは、すべてを「建設」に託そうとする私たちの硬直した考え方にすぎない。「虚構の建設」への依存こそが「地獄の営繕」の原因になっていると言っても過言ではない。もちろん、「建設」から「営繕」への選択権は、需要側にある。

選択権を自らの責任において行使するには、『住計画論』の著者がいみじくも言った様に、私たち自身が「自立した個人」でなければならない訳だが、私たちは、今日においてなお、自立への思いと孤立への不安の中で、家族や社会との複雑な関係に苦悩しており、選択権を行使するにはいささか脆弱な主体の様にも見える。しかし、この構図は、必ずしも私たちの能力を背景とする問題ではない。医学が、生命をつくりだす可能性に言及した折の私たちの懸念と嫌悪の感情ほどではないまでも、「建設」から「営繕」への転換もまた、それなりの摩擦と価値観の転換を必要とするからだ。むしろ、「希望の建設」から「虚構の建設」への転換を糧にしてこそ、「地獄の営繕」を「希望の営繕」に転換することもできると考えたい。

営繕論

「修繕」に重きをおく「営繕」の対象は、目の前にある現代建築であるが、それでも建設年代は様々で、その表情も実に多様である。「営繕」が、本来は既存建築のすべてを対象とする術語である点に鑑みれば、その対象は、一挙に、近代建築や近世建築、さらには古建築にまで広がると考えるべきだろう。技術的にも意匠的にも実に多様な建築を対象とする分野である。多様な建築を対象とする以上、営繕技術にも、伝統技法から最先端の建築技術までの広がりがあり、したがって、「営繕」という言葉自体には、私たちが「希望の建設」の時代に糧とした様な核になる積極的な主張は見出せない。しかし、実は、そこにこそ「営繕」の存在感がある。「営繕」に、「希望の建設」の時代の様な明確な主張がないということは、「営繕」には思想がないということでもなければ、既存建築批判ができないということでもないからだ。ひたすら修繕に取り組んだ医学には、終始一貫した思想が存在したし、その医学は、常に、誕生と死別と向き合い、深い葛藤を受けいれつつ進歩してきた。もちろん、人間と建築では話が違う。その通りである。だからこそ、建築の寿命を、人間の「ライフ」で翻弄してきた私たちこそが、自ら変わるべき時期に来ていると捉えたい。「営繕」の思想は、建築に寿命という言葉を持ち込んだ側から見れば、明らかに既存建築の延命であるが、物理的耐用年数という視点から見れば、交換と修理にすぎない。「営繕」は、交換と修理によって、それが建設された経緯や思想を徐々に相対化する技術である。

確かに「希望の建設」の時代の様な明確な主張は見出しがたいが、それは、私たちの社会特有の事情ではない。現代建築の大部分がモダニズムを背景とする建築であり、問題がそのモダニズムにかかわる事柄である以上、これもまた、世界共通の問題、すなわち「海」の問題であり可能性であるからだ。現代建築の「営繕」は、まさしく国際的な広がりを持った問題である。同時に、個々の問題は、各個人が、各地域が、各国が、自ら解決していかなければならないという点では、依然として「河」の問題であり可能性でもある。そして、近代一〇〇年以上の時間の中で、私たちは、こうした問題設定には、嫌と言うほど鍛えられてきた。

「地獄の営繕」との認識の背景は、建築にも人間と同じように「寿命」があると考える私たちのアナロジカルな建築理解がある。しかし、これは「希望の建設」の時代のアナロジーで、現代社会には馴染まない。むしろ、行き過ぎた「建設」依存がもたらした偏見に近い。生命ではない建築に、現実的な意味での「寿命」などあろうはずはないからだ。今、あえて鉄とガラスとコンクリートに即して申し上げれば、そこには、唯々、酸化と破砕と中性化による劣化があるにすぎない。問題は、実に、純粋に技術的な事柄である。酸化と破砕と中性化の先にあるのは「死別」ではなく「建設」か「修繕」かの選択にすぎないからだ。私たちは、戦後七〇年以上にわたって前者を選んできた。しかし、今、私たちの目の前にあるのは、灰燼に帰した都市でもなければ、建て替える以外に術のないバラックでもない。「希望」を建設に託すべき根拠の多くは、もはや克服されており、「希望の建設」の糧として語られる「希望」は、今や単なる需要喚起にすぎない。繰り返すが、私たちの目の前にあるのは、「希望の建設」の精華としての現代建築である。むしろ、ここは、ようやく「希望の営繕」を考えるべき時代が招来したと捉えたい。

最後に、次の一文を、これから建築を志すかもしれない小さな子供たちに送ることで、本書の結びとしたい。

「希望の営繕」も「希望の建設」同様、
いずれ「虚構の営繕」と批判される時代を迎えるでしょう。
そういうものです。恐れる必要はありません。
その折には、
是非、私たちの「営繕」が
建設と修繕を区別していなかった事実を思い出していただきたい。

たとえば、皆が前を向いて歩いている行列の中では、誰もが前に向かって声を発することになる。声は反射を繰り返しながら四方八方に広がるので後方や左右にも伝わるのだが、語りかける人には前の人の後ろ姿しか見えず、聞いている人の表情は分からない。聞いている人にも語りかける人の顔は見えないだろう。つたない喩えで恐縮であるが、私の場合、現代建築に関する言説では、読むにせよ書くにせよ常にこの構図の中にある。一方、近代史にかかわる資料を読んでいると、時々、行列の前方に立って振り返り、彼らの表情を正面に見据えながらその声を聞いている様な印象を受けることがある。若々しく登場した建築思潮が生き生きとした表情で、量を担い瑕疵に苦しむ技術論が疲れ切った表情で眼前に現れる。

もちろん、「日本のモダニズム」の問題は、今日においてなお、読むにせよ書くにせよ行列の真直中との印象であるが、不意に、その後ろ姿からある表情が浮かび上がる瞬間がある。後ろ姿から表情が浮かび上がるという感覚の背景には、私たちが「日本のモダニズム」後の世界に入りつつあり、若い世代が、日本のモダニズムの今日までの表情を振り返って見据える時代が近づいている事実があるのかもしれない。しかし、それは、その時代を生きる私に見える姿ではない。私にとっての戦後は、やはり「不意に、その後ろ姿からある表情が浮かび上がる瞬間がある」時代で、それが私にとっての戦後の見え方である。おそらくそれは、まったく無力であったにせよ、戦後という時代のどこかにいたという自覚を背景とする認識ではないかと思う。そうである以上、そこは正直でありたい。この見通しの悪さこそ、私たちが、今日の日本のありように何某かの責任を負っている、あるいは、否応なく負わされているインサイダーである証なのだと思うからだ。

本書のきっかけは、一九八五年に書いた「建築の維持」という論文である。もっとも、この論文は、主に文化財を対象にしたもので、本書とは内容を異にする。むしろ、その最後に戦後のモダニズム建築を念頭に「この時期の建物は、とかく批判的に扱われがちである。しかし、すでに述べた様に、建築保全とは、単に低下する建物の機能を当初に近づけるといった努力のみを意味するものではなく、既存建物を、新たな物に変えていく努力である事は、すでに明らかにした。この事は、こうした建物にも変わっていく可能性のあることを示していると言う事ができよう」と書いたのが、本書執筆の契機となったと申し上げるべきだろう。博士課程に進み、私なりに努力はしたものの、大学院時代には、その全体像に言及することはできなかった。力不足であった。そこで、備忘録の様なレポートを作成したうえで、論文化は断念することにした。しかし、現代建築の営繕とどう向き合うかは、設計現場を離れ、進学を決意した契機でもあり、なんとか纏めたいと思い、その後も、試行錯誤を繰り返したのだが成果は上がらなかった。唯一続けたのは、原稿を依頼されるたびに、営繕の視点を織り込む努力をする程度のことで、それも実に断続的であった。

それから、二〇年以上経って、プラントの営繕指導にあたっていた高校時代の友人が、酒の席で「営繕は地獄だぞ」と漏らしたのを聞いて、混迷する近代建築の「営繕」を、あらかじめ「地獄」と認定したうえで、その原因を探るという構成を思い立った。これが、本書執筆の具体的な契機となった。ただ、「地獄」と認めて書く以上、具体的な建物の営繕には言及できない。すなわち、各論は論じられない。成功例は例外にすぎず、地獄の一場面を克明に描いても救いはないからだ。そこで、書きためてきた原稿から各論を外し、あらためて全体像を探る作業を始めることにした。作業は、思いのほか、順調に進んだのだが、刊行の機会はなかなか訪れず、したがって、纏める契機はなかなか見出せなかった。最悪の場合には、自費出版も視野に入れ始めた頃、今回の機会が訪れた次第である。尽力いただいた真壁智治氏、永田透氏、そして、山田兼太郎氏には、心から御礼を申し上げる。

注

第1章

▼1 「超高層特集 その1 構造 座談会1」『建築』一九六三年五月号、八四頁
▼2 同前、八四頁
▼3 同前、八五頁
▼4 同前、八五頁
▼5 同前、八七頁
▼6 同前、八七頁
▼7 同前、八八頁
▼8 同前、八八頁
▼9 同前、八八頁
▼10 同前、八六頁
▼11 石田繁之介『超高層ビル――最初の試みの記録』中公新書、一九七八年、二六頁
▼12 同前、二七頁
▼13 同前、三〇頁
▼14 同前、三一頁
▼15 同前、三六頁
▼16 同前、三七頁

▼17 同前、一七五－一七八頁
▼18 同前、二二頁
▼19 武藤清、岩佐氏寿『〈少年の科学〉 超高層ビルのあけぼの』一九六八年、鹿島研究所出版会、二〇六頁
▼20 同前、二〇五頁
▼21 同前、一五－一六頁、一九－二〇頁
▼22 同前、二〇四頁
▼23 和田章×神田順×内田祥士「鼎談 不確実性をどうとらえるか」『建築雑誌』二〇一〇年一〇月号、二七頁
▼24 高坂清一「インタビュー 合理が振れたとき——新耐震施行から学ぶこと」、同誌、三〇頁
▼25 同前、三〇頁

第2章
▼1 桶谷秀昭「はじめに」、東洋大学井上円了記念学術センター編『文学における家族の問題』すざわ書店、一九九九年四月、三頁
▼2 本間博文、初見学『住計画論』放送大学教材、一七七－一七九頁

第3章
▼1 山口廣「インタビュー 建築論争の条件」『建築雑誌』二〇一一年二月号、七頁
▼2 時事通信社二〇一一年四月一日

第4章
▼1 磯田光一『思想としての東京』講談社文芸文庫、一九九〇年、一四頁

▼2 ジョン・ダワー『敗北を抱きしめて（上）』三浦陽一、高杉忠明訳、岩波書店、二〇〇一年、五頁

▼3 山本学治「凧の糸」『現代建築論——史論としての展開』所収、彰国社、一九六八年、一〇－一八頁。初出*UENO*, 1950. 12は、同書解説（宮内嘉久）による。

▼4 宮内嘉久「解説」、同書所収、二四七頁

▼5 槇文彦「漂うモダニズム」『新建築』二〇一二年九月号、四二頁

▼6 同前、四一頁

▼7 同前、四一頁

▼8 バックミンスター・フラー『宇宙船地球号操縦マニュアル』芹沢高志訳、ちくま学芸文庫、二〇〇〇年、九三頁

▼9 高村光太郎『緑色の太陽』岩波文庫、二〇一〇年、八一頁、八七頁

▼10 同前、二八二頁

▼11 吉本隆明『高村光太郎』講談社文芸文庫、一九九一年、二一一頁

▼12 同前、二四－二五頁

▼13 同前、四一頁

▼14 同前、四一頁

▼15 同前、二三四頁

▼16 北川太一「解説」、同書、四四六頁

▼17 財務省ホームページ「財政の健全化」<http://www.mof.go.jp/comprehensive_reform/gaiyou/03.htm>

第5章

▼1 アルミ缶リサイクル協会ホームページ<http://www.alumi-can.or.jp/publics/index/18/>

第6章

▼1 SPRC委員会編『既存鉄筋コンクリート造建築物の耐震補強事例集』日本建築防災協会、一九九三年

▼2 茂木清夫『地震予知を考える』岩波新書、一九九八年、ii頁

▼3 同前、ii頁

▼4 同前、ii頁

第7章

▼1 高階秀爾「解説」、矢代幸雄『世界に於ける日本美術の位置』講談社学術文庫、一九八八年、二〇九頁

▼2 矢代幸雄『サンドロ・ボッティチェルリ』（第二版）、岩波書店、一九八四年、一九頁

▼3 和辻哲郎『初版 古寺巡礼』ちくま学芸文庫、二〇一二年、一五〇頁

▼4 吉田鉄郎『建築家・吉田鉄郎の『日本の建築』』薬師寺厚訳、鹿島出版会、二〇〇三年、九〇頁

第8章

▼1 米山鈞一・奥山茂樹・坂元左『耐用年数通達逐次条解説』税務研究会出版局、五頁

第10章

▼1 日本建築家協会の江守氏（メンテナンス部会）の指摘

／Fig.40: 絵葉書《唐招提寺月明》長野県信濃美術館発行／Fig.41: 絵葉書《唐招提寺の夜》大塚工藝社作／Fig.42: 前掲『奈良六大寺大観〈第12巻〉唐招提寺一』p.21／Fig.43: 同前，P.22／Fig.44: 同前，p.20／Fig.45: Figs.39, 43等から筆者が再構成／Fig.46: 絵葉書「宇宙から見た日本列島」NBC Inc. Japan／Fig.47: 絵葉書「大東京の景観」NBC Inc. Japan／Fig.48: 絵葉書「新宿周辺と富士山」（部分）NBC Inc. Japan／Fig.49: 絵葉書「高層ビルと富士」NBC Inc. Japan／Fig.50: 同前(部分)／Fig.51: 絵葉書「陽明門正面」（部分）日光東照宮社務所発行／Fig.52: 同前（全体）／Fig.53: 絵葉書「東照宮大祭（5月18日・10月17日）御社頭の賑い」日光東照宮社務所発行／Fig.54: 国土地理院／Fig.55: 同前／Fig.56: 著者撮影／Fig.57: 著者作成／Fig.58: 著者撮影／Fig.59: 国土交通省のHPより<http://www.mlit.go.jp/road/road/traffic/chicyuka/gaijimu_01.htm>／Fig.60: 浅古陽介撮影／Fig.61:『埼玉新聞』Web版，2016年10月12日（水）より／Fig.62: 著者撮影／Fig.63: 同前／Fig.64: 同前／Fig.65: 同前／Fig.66: 同前／Fig.67: 同前／Fig.68: 同前／Fig.69: 同前／Fig.70: 同前／Fig.71: 同前／Fig.72: 同前／Fig.73: 同前／Fig.74: 同前／Fig.75: 同前／Fig.76: 同前／Fig.77: 同前／Fig.78: 同前／Fig.79: 同前／Fig.80: 同前／Fig.81: 同前／Fig.82: 櫻井義夫撮影／Fig.83: 川内美彦撮影／Fig.84: 山名善之撮影／Fig.85: 著者撮影／Fig.86: 同前／Fig.87: 同前／Fig.88: Wiiii撮影／Fig.89: 著者撮影／Fig.90: 同前／Fig.91: 江守芙実所蔵／Fig.92: 浅古陽介作成／Fig.93: 同前／Fig.94: 柳下雅孝（マンションライフパートナーズ）作成

初出一覧

巻頭文　「Critic by Around Thirty」『建築雑誌』1989年12月号
序　書き下ろし
第1章　書き下ろし
第2章　「建築学からみた生活環境――寿命について考える」(『ライフデザイン学入門』誠信書房、2007年所収)を加筆し再構成
第3章　「定常化社会の建築――生産から維持へ」(『atプラス』8号、2011年所収)を加筆し再構成
第4章　「日本のモダニズム――その後ろ姿から想像する今の表情」(槇文彦・真壁智治編著『応答 漂うモダニズム』左右社、2015年所収)を加筆し再構成
第5章　「瓶と缶からのアナロジー」の講義メモからの書き下ろし
第6章　「「創造」と「維持」――オプティミズムとデカダンス」『住宅特集』2000年6月号を加筆し再構成
第7章　「「部分」と「全体」のインタラクティブな可能性」『ディテール』2006年夏季号、および『東照宮の近代』(ぺりかん社、2009年)の「第一章 細部と全体」を加筆し再構成
第8章　「既存鉄筋コンクリート校舎の老朽化の捉え方」(『学校施設の長寿命化対策の提案(平成二五年度)』文教施設協会所収)を加筆し再構成
第9章　「電柱・電線はなぜ埋めたくなるのか」の講演メモからの書き下ろし
第10章　「現代建築の営繕――分譲マンションをストックとして活かすための課題」(『新建築』2017年2月号所収)を加筆し再構成

図版目録

Fig.1: 敗戦: 日本建築学会，今日: Google Earth／Fig.2: 著者撮影／Fig.3:『建築』1963年5月号／Fig.4: 石田繁之介『超高層ビル』中公新書，p.27／Fig.5: 同前，p.30／Fig.6: 同前，p.34／Fig.7: 同前，口絵／Fig.8: 同前，p.22／Fig.9: 武藤清，岩佐氏寿『超高層ビルのあけぼの』鹿島研究所出版会，1968年，p.18／Fig.10: 同前，p.14／Fig.11: 同前，p.17／Fig.12: Google Earth／Fig.13: 絵葉書「六本木ヒルズと新宿副都心」NBC Inc. Japan／Fig.14: 著者撮影／Fig.15: 同前／Fig.16: 同前／Fig.17: 同前／Fig.18: 本間博文，初見学編『住計画論』放送大学教育振興会，2002年，P.178，図9-9／Fig.19: 著者撮影／Fig.20: 同前／Fig.21: 同前／Fig.22: 山本学治『現代建築論』彰国社，1968年／Fig.23: 財務省のHPより <http://www.mof.go.jp/comprehensive_reform/gaiyou/03.htm>／Fig.24: 著者撮影／ Fig.25: 著者作成／Fig.26: 同前／Fig.27: 同前／Fig.28: 同前／Fig.29: 同前／Fig.30: 著者撮影／Fig.31: SPRC委員会編『既存鉄筋コンクリート造建築物の耐震補強事例集』日本建築防災協会，1993年／Fig.32: 同前，p.62／Fig.33: RENEWAL NEWSより／Fig.34: 著者作成／Fig.35: 横浜美術館発行／Fig.36: ©飛鳥園 唐招提寺発行／Fig.37: 和辻哲郎『初版 古寺巡礼』ちくま学芸文庫，2012年，p.151／Fig.38:『奈良六大寺大観〈第12巻〉唐招提寺一』岩波書店，1969年，p.21／Fig.39: 同前，p.22

［著者紹介］

内田祥士（うちだ・よしお）

建築家、東洋大学ライフデザイン学部教授、博士（工学）。1955年東京生まれ。1978年早稲田大学理工学部建築学科卒業。1983年増沢建築設計事務所退所。1989年東京大学大学院博士課程退学、習作舎設立。主な作品に《妙寿寺庫裏》(習作舎)、《秋野不矩美術館》(藤森照信との共同設計)、《東洋大学ライフデザイン学部人間環境デザイン学科実験工房棟(改修)》(久米設計との共同設計)など。主な著書『東照宮の近代』(ペリカン社、2009年)など。

建築・都市レビュー叢書 03

営繕論

—— 希望の建設・地獄の営繕

2017年12月14日　初版第1刷発行

著　者　内田祥士

発行者　長谷部敏治

発行所　NTT出版株式会社
〒141-8654　東京都品川区上大崎3-1-1　JR東急目黒ビル
営業担当／TEL 03-5434-1010　FAX 03-5434-1008
編集担当／TEL 03-5434-1001　http://www.nttpub.co.jp

造本設計　松田行正＋杉本聖士

印刷・製本　中央精版印刷株式会社

ISBN 978-4-7571-6072-9 C0052

建築・都市レビュー叢書　創刊の辞

21世紀の建築と都市のための議論を生む新しい知のプラットフォームを築く必要があります。そのために20世紀を生んできたこれまでの知の棚卸しを図り、新たな時代のパラダイムに対応する論考＝レビューのための場づくりが求められています。本叢書の主題は、現在の建築・都市に潜む事態・事象・現象・様相等のその問題性を指摘し、新たな局面を切り開いてゆくための独創的な力を示すことにあります。そして、レビューの機会をより多くの世代間、分野間に拡げ、そこから議論と理解を深め問題の所在を明らかにしてゆきます。

本叢書が、21世紀の建築と都市にわたる論考の場を活発化することを期待しています。

叢書キュレーター　真壁智治